潜在意識が
今　動き出す。

高校を卒業して社会へ出ました。早目に会社をつくり、大きな会社をめざして楽しく働いていました。

覚者、知花先生に出会い瞑想と宇宙エネルギーの使い方の研究に没頭する生活に変わりました。

この本は私の二十年間の意識の変化と研究開発の気づきと喜びを記録したものです。

重川　風天

まえがき

20年前、知花敏彦先生の話です。

「これからは色々な面において、想像を絶することが起きてきます。猛暑、大雨、大雪、地震、火山の噴火など・・・これらは自然災害ではなく、全て人災（人類がつくりだした災害）です」と、云っています。

「みなさんはこれを乗り越える力、災害をなくする智恵を持っていますす」


今年（2018年）の自然現象は、正に想像を絶するものだったと思います。

特に台風12号の進路は、東から西へ、そして南西へと、普通では考えられない動きだったと思います。これはたぶん、台風の進路を妨げるエネルギーと、押しすすめるエネルギーの、幽体波動レベルのかけ引き、つまり物質を中心とする思いのエネルギーと、調和を重んじるエネルギーの現れだと思います。
この世の人類の意識（集合意識）が自然現象に大きく関わっているのは、まちがいないと思っています。

私は不思議に大地震のあるとき、いつもその現場に居合わせるのです。
54年前の新潟大地震のときは、新潟市内の会社に居ました。その14年後の宮城県沖地震のときは、仙台駅で列車の中に居ました。そして阪神大震災のときは、新神戸駅前のホテルに泊まっていました。

先回の東北大震災のときですが、本当は宮城県栗原市の牛舎にいる予定でしたが、地震の2週間くらい前に、九州の熊本の友人から「3月12日に九州新幹線の開通式が熊本で盛大に行われるので、風天さん、ぜひ熊本へ来て下さい」と誘われて、予定を変更して熊本に居たのでした。

九州新幹線の列車の名称が、「みずほ」と「さくら」で、風大和研究所で開発・製造している飲料水が「みずほの光水」であり、農業用ミネラル水が「農業さくら」という名称であったので、その友人が「風天さんの水の開通式みたいなもんだから遊びに来い」と。そして、「仲間を大勢集めるから、風天さんの講演会をセッティングするよ」とのことでした。

そんな話に乗っかって、栗原市の牛舎行きをキャンセルして、熊本で東北大震災のニュースを見ていたら、栗原市がかなり大きな震度だったので、ビックリしました。本来ならこの日は、栗原市に居るはずだったのですから。

そのとき、私はなぜ熊本にいて地震の様子を見ていたのか。偶然は無かったのです。

その後に開発したのがオーラの光風という装置です。オーラの光風は、宇宙の作用・反作用の法則を取り入れたものです。オーラの光風から放射されたエネルギーを、自分で使うよりも意識を使い、町内〜市町村〜県〜日本全国〜世界へと右回りに放射するのです。その光エネルギーが働いて、大きく力を付けて自分に返って来るのです。自分の住んでいる市町村に返って来るのです。

私はこのオーラの光風を九州、特に福岡・熊本に力を入れて広げたかったのです。九州特別企画を何回かやり、一台でも多く設置したかったのです。福岡はそれなりに入りました。熊本はなかなか入らなかったので、私は熊本地震の直前の、1月〜3月まで3回も風天教室を開き、熊本へ足を運んだのです。風天教室をした場所は、益城町保健福祉センター（はぴねす）で、この度、熊本地震の対策の中心的な場所でした。

なぜ私は地震の起きる場所に出会わしたり、その前に足を運んでいるかは、何となくですが、分かっているつもりです。それはたぶん、過去世からの因縁だと思いますが、地球のこと、人類のことを想う気持ちが、少しだけ大きかったのだと思っています。肉体の風天がその場所に居ることで、肉体を持っていない意識体が、私の肉体を通して波動調整して小さくしているのだと思っています。

信じてもらえないかも知れませんが、私たち一人一人は皆、災害を乗り越える力を備えているのです。それは明るい心と宇宙エネルギー（万能の力、智恵）をこの世で活用することです。

宇宙エネルギーは、この空間と全てのもの中に、初めから存在しています。
それを具現するには、神（宗教の神ではない）、調和を想念し、瞑想することが唯一の方法だと思います。それにより、大雨、猛暑、地震、竜巻、火山の噴火などを防ぐことが出来るのだと思っています。

重川風天

新潟講演
函館にＵＦＯがやってきた
オゾン層の修復工事
太陽の表面温度は25℃？
火山の小噴火は大歓迎
想念と物質化現象
毒性を消す
人類と地球を救うためにきた、知花先生
地軸の調整
ノストラダムスの予言とは
陰陽のバランスを崩した

第六章　毎日の生活に光エネルギーを使う　135

第一章　宇宙は一つの意識体である

宇宙は一つの意識体

ず〜っと永い間、「姿形がない、見ることが出来ない」と云う理由で、「意識の世界」の話が無視されてきました。しかも、「測ることが出来ない」、「科学的根拠のない」、「詐欺だ」、「とんでも話」的な扱いをされてきました。

今ここに来て、世界中で量子力学の研究や実験が発展し、目に見えない意識の世界をどんどん証明し始めています。

こんなことまで云われ始めているそうです。「見えないから、測るものが無いからと云う理由で見えないものを無視する、そのこと自体が非科学的だ」と。

そして、ついには、計り知れない壮大な宇宙を、「宇宙はひとつの意識体である。エネルギー体である」と云われるようになっています。

宇宙は、たったひとつの意識で繋がっている、意識そのものが宇宙であると私は思っています。

私、風天は、26歳で脱サラして、新潟で印刷会社を興しました。たった一人（ひとり社長）で始めたのですが、運が良かったのか、お陰さまで会社がどんどん大きくなって行きました。

「そうか、会社は運だけで成長して行くもなんだ」などと本気で思ったこともありました。当時、世間知らずの私は、経営者向けのセミナーや研修会に積極的に参加していました。

創業10年、35才の頃、社員50名になっていました。私は、ある経営者向けの実践研修会に参加したとき、座禅と掃除のやり方と、履物を揃える訓練を、厳しい指導の中で体験しました。例えば、左右の履物がわずか数ミリのズレをも許されないなど、真剣勝負で体験、くり返し実践、体で覚えさせられました。

その研修を受けてからしばらくは、脱いである履物ばかりが目に入って、何処へ行っても、そこに脱いである履物を揃えたものでした。そして、履物をキチンと揃えると、なぜか心がスッキリとするのでした。

私の住んでいた村（今は新潟市）には、北方文化博物館「豪農の館」と云う観光名所があります。その博物館の印刷物を、私の会社が一手に受注させていただいていました。私の自宅が近かったために、日曜日などは、ご機嫌伺いを兼ねて、息子を連れて、その博物館の茶店に行ったものでした。

当時はバブル経済ど真ん中で、一日に何十台もの観光バスがやって来ます。バスから大勢のお客さんが降りて、一斉に博物館へと入って行きます。博物館は土足禁止で、広い玄関に皆さん靴を脱いで、館内へ入って行きます。靴をキチンと脱ぐ人、右と左が1メートルも離れて脱ぐ人など、靴の脱ぎ方はさまざまです。

男の人の靴は、やや安定したバラバラ加減と云うか、バラツキです。逆に女の人は、キチンと揃える人と、1メートルも離れたところにハイヒールの相棒があったりで、大きく二つに分かれていました。男性と女性で、履物を揃える（または揃えない）癖がちがうのには驚きでした。

さて、さて、息子と二人で履物を揃える実践です。数が多いですから、急いで履物をキチンと揃えて、お客さんが帰りに履きやすいようにと心を込めて、体を動かし作業をします。揃え終わると、今度は次の団体さんがウァーっとやって来て、私たち二人は必死になって揃えるのです。

ところが今揃えた履物を、次のお客さんが平気で蹴飛ばして、踏んづけて、しかも平気な顔をしているのです。「何と云う無作法な人なんだと」思って、その人を見ると、これがおしゃれな洋服を着た、美人のお嬢さんだったりします。こんな若くてきれいな女の人が、揃えてある靴を蹴飛ばして、よく平気な顔をしていられるのかと、私が呆然としていると、また次の団体が入って来て、私たちは必死で揃えます。今度は紳士風のおじさん、靴を履いたままで、他人の靴をずらします。何とお行儀の悪い紳士・・・。

私は息子と二人で休む暇もなく履物を揃え続けて、次第に疲れ、ペースが落ちてきます。揃えても、揃えても、すぐに乱れてしまう。揃えることに意味が無いようにも思えて、なんとなく思考が無くなってきたようになった時、靴からの声が聴こえて来たのでした。

「揃えてくれて、ありがとう」

靴がしゃべるわけがない、そんな馬鹿な、これは錯覚だ。疲れているので錯覚、幻聴の類いだと思いました。

そして次の靴を揃えたら、またその靴が「ありがとう」とお礼を云うのです。はっきり聴こえました。とうとう私もおかしくなって来たのかと思ったのですが、揃える度に靴が、「ありがとう」と私に礼を云うのでした。

それが本当に聴こえるので、そうか、生きているのか。靴は生きているんだ。いや、靴だけじゃない、全てのものは生きているんだ。全ては意識で繋がっているんだと、履物から教えてもらったのでした。

今も多くの人が集まり行き来する駅や、高速道路のパーキングエリアなどにゴミが落ちていると、そのゴミが私に必ず声かけるのです。「拾ってください」と。少し離れたところに空き缶が落ちていると、「拾わないとダメですよ」と、空き缶が命令調で私に云います。すると私も、「はいはい、わかりましたよ」と、空き缶に返事をします。

見えるものも、見えないものも、みんな一つの意識、心で繋がっている。みんなが共に生きているのだと云う思い。そう感じたときは、心が幸せに満たされているときです。

宇宙の陰と陽の世界は科学的か非科学的か

仏教　キリスト教　神道の教え

宇宙には、見える宇宙と見えない宇宙があって、見える宇宙とは物質としての宇宙で、見ない宇宙とはエネルギーとしての宇宙です。見えない宇宙を表現する言葉として一番分かりやすいのは「ある存在」とか「大いなる存在」

だと思います。

釈迦は、それを空（くう）と呼んで、何も見えないけれども、何かが存在しているのだ。無ではなくて有、あるのだと。何があるかと云うと、見えないものがあるのだと。見えないけど陰と陽が一体として存在しているのだ。宇宙は無限大の陰と、無限大の陽の完全調和、完全バランス、絶対調和である。絶対とは、相対の陰と陽を絶つ、絶つとは無くすると云う意味で、宇宙は一つの中庸の世界であると説いています。

イエスは、それをキリストと呼びました。キリストとは英語読みで、キリスト→クリスト→クリスタルで、水晶と云う意味です。水晶は、あっても透明で見えないので、釈迦の云う「空」と同じ意味でした。また水晶とは、水と晶（火）で、火水（かみ）と云う意味にもなります。キリストとは、父なる神（能動）と母なる神（受動）が一対として存在している中庸、それを愛と呼び、宇宙は一つの愛と云うエネルギーだと云っています。

日本神道では淡路島で、いざなぎの神（男の神）と、いざなみの神（女の神）が結婚（結魂）して子供をつくったところから始まります。淡路島の淡とは、「シ」と「炎」で、「シ」は「水」で、「炎」は「昌」で、これもまた「水昌（水晶）」と云う、水と火、火水（かみ）となっていますね。

仏教も、キリスト教も、神道も、エネルギー的に見ると、みんな陽（＋）と陰（－）が大バランスして、大調和している。それが究極の、初めから存在する宇宙の力、能力、エネルギーだと云っています。それが、「ある存在」、

「大いなる存在」の正体だと思います。

正体の「正」とは、「一（ひとつ）」に「止（とめおく）」と書きます。それが「正」で、ある存在とはたった一つの力であって、宇宙は一つ、真理は一つ、神は一（ひと）さま、空とは全知全能の力を指していると思います。

大いなる存在とは、力のことであって、働きではありません。父なる神と母なる神でつくり出した全知全能の愛の力を、どのように使うかを決めるのは、息子の役割です。例えば、分解と結合を同時にやった場合は、何の変化もおきないのです。今回は結合だよと想念する、思えば、全能の力キリストは想念通りに結合の働きをします。今回は分解だよと想念すれば、その通りに分解の働きをするのです。今回は前に進むと思えば、前に進み、今回は後ろに下がると思えば、後ろに下がります。

例えて云うと、ある小学校で運動会の「綱引き」が行なわれています。グランドの真ん中に太くて長い綱が1本置かれています。その綱の中央には、赤と白の布が巻かれています。誰も綱を触っていない状態では、赤と白の布はピクリとも動きません。それは、赤（陽）に引っぱるエネルギーと白（陰）に引っぱるエネルギーの力は何もなくゼロだから、動かないのです。

そして子供たちが、赤100人、白100人、入場し、綱の横に並びます。ようい・ドーンで、一斉に綱を引きます。ところがいくら引っぱっても綱はどちらにも動きません。これは、赤（陽）と白（陰）の力がバランスしたために動かないのです。動かないからゼロです。

このときの赤と白の布の中心には、赤１００人と白１００人の合計２００人の力が集まっています。しかし、＋（プラス）１００と－（マイナス）１００の力が働いて、差し引きゼロですが、絶対値２００の力が働いているゼロで、活性化されたゼロと云うことで、私は「０（ゼロ）活性」と呼んでいます。

もし白に勝たせたかったら、白に一人加えると白が勝ちます。さきほどの分解と結合の場合ですと、今回は結合すると想念すれば、結合の働きをします。なぜならば、想念はエネルギーであり、力であるからです。

宇宙の力がこの世で働くメカニズム

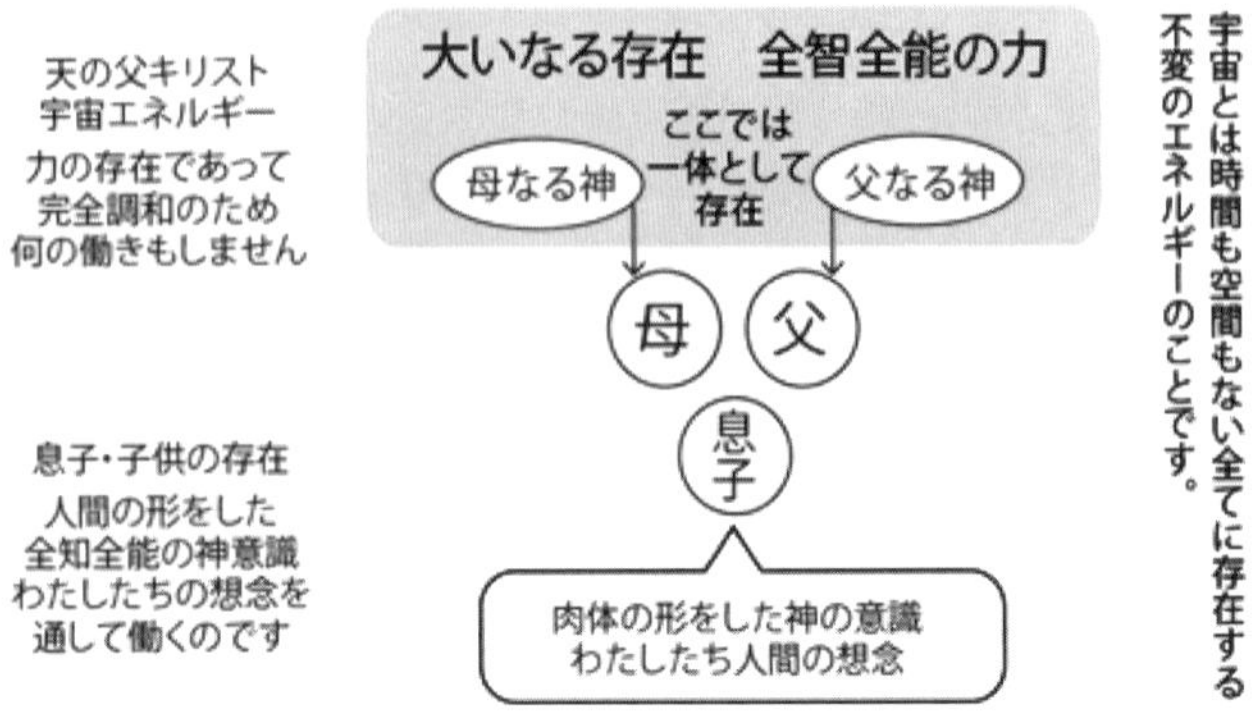

宇宙とは時間も空間もない全てに存在する
不変のエネルギーのことです。

見えないエネルギーの世界は陰と陽の大バランス、均衡して中庸、愛、完全バランスになっているので、想念通りに働くと云う訳です。

父（陽）と母（陰）でつくり出した力、エネルギーの使う方向を決めるのは、父（＋）と母（－）の息子（＋－中性）です。息子が想念して、力を働きにします。働きとは、必ず陽（父）と陰（母）で力になり、息子（中性）の思い通りに働くのです。息子、子供とは想念のことです。

実はこの父（＋）、母（－）、息子（＋－）、いざなぎ（＋）、いざなみ（－）、子供（＋－）は、全知全能のキリスト、大いなる存在が、父の役、母の役、息子の役を演じているだけだったのです。父も母も息子も、全く一つのエネルギーが、それぞれの役割を楽しく表現しているだけなのです。

今、量子力学では、宇宙は一つの意識体だと考え始めています。意識とは、エネルギーのことで、光波動のことです。仏教も、キリスト教も、神道も、全く同じ一つの教えだったのです。

第二章　光エネルギーと意識と科学の融合

科学者が愛のエネルギーに気づいた

今の物質文明を育てた意識・考え方をつくったアインシュタインの相対性理論。学問の中心的存在の物理学が「間違っていた」と後年、アインシュタイン本人が認めています。知花先生によると、日本人科学者が、その間違いに気づき、何回もアインシュタインに手紙を出したのでしたが、アインシュタインは聴く耳を持たなかったそうです。もし聴く耳を持っていたら、原子爆弾は出来ていなかっただろうと云ってました。

２６０００年前、アトランティス大陸を中心としたアトランティス文明。それは今の地球の文明と同様に、陰陽のバランスを崩していたそうです。陰とは物質意識、陽とは精神意識で、簡単に云うと物質欲と心のバランスが取れてなかったと云うことです。

２６０００年前、原子爆弾の爆発がきっかけで一夜にして高い山と深い海が入れ替わってしまった。天地が入れ替わった。ヒマラヤの高い山に貝の化石などがあるのは、そのためだと云われています。また大西洋などには、当時は大陸で、大都市で大きな建物がありました。今は海に沈んで「海底都市」のような状態で発見されています。

今の文明も世界のどこかで、原発や核爆弾がきっかけで、アトランティス文明の二の舞になりかねません。

アインシュタインの話に戻しますと、（これらはブログで世界中に流れている内容です。）アインシュタインは、晩年、相対性理論の間違いに気づいたそうです。

私が思うには、アインシュタインは相対性理論のまちがいに気づいて、愛と云う絶対エネルギーに気づいたのではなく、相対性を絶つと云う絶対エネルギー（愛）がわかって、相対性理論のまちがいがわかったのだと思います。

科学者が愛と云う不可視の、不可分のエネルギーに気づいたことは、やはり、すごい科学者だったのだろうと改めて評価されるのではないでしょうか。あのベロを出したアインシュタインの写真に全てが込められているような気がします。

アインシュタインが娘に残した手紙
死後20年は公開するな・・・

あるブログより

アインシュタインと言えば20世紀を代表する天才科学者です。

彼は生涯かけてこの世の全てを数式で解き明かそうとしていましたが、結局それは叶いませんでした。

量子力学の登場が彼を混乱させたのは間違いのない事実ですが…

ただ彼は、この宇宙には、決して数式では解き明かすことが出来ない偉大な力がある、とは気づいていたようです。生前はそのことに触れなかったようですが、彼はその想いを彼の娘であるリーゼル・アインシュタインに手紙という形で託していました。その手紙は１４００通にも及ぶそうですが、「自分の死後２０年は決してその手紙を公表しないこと」との指示を受けていたそうです。リーゼルはその指示を添えてヘブライ大学（イスラエル）に手紙の全てを寄贈します。以下はその手紙の中の一通です。

「私が相対性理論を提案したとき、ごく少数の者しか私を理解しなかったが、私が今明かそうとしているものも、世界中の誤解と偏見にぶつかるだろう。必要に応じて何十年でも、私が以下に説明することを社会が受け容れられるまで、お前にこの手紙を守ってもらいたい。

現段階では科学がその正式な説明を発見していないある極めて強力な力がある。それは他のすべてを含みかつ支配する力であり、宇宙で作用しているどんな現象の背後にも存在し、しかも私たちによってまだ特定されていない。

その宇宙的な力は愛だ。

科学者が宇宙の統一理論を予期したとき、彼らはこの最も強力なまだ見ぬ力を忘れてしまった。愛は光だ。愛は力だ。なぜならそれは私たちが持つ最善のものを増殖させ、人類が盲目の身勝手さのなかで絶滅するのを許さないからだ。愛は展開し、開示する。

愛のために私たちは生き、また死ぬ。愛は神であり、神は愛だ。この力はあらゆるものを説明し、生命に意味を与える。これこそが私たちがあまりにも長く無視してきた変数だ。それは恐らく、愛こそが人間が意志で駆動することを学んでいない宇宙の中の唯一のエネルギーであるため、私たちが愛を恐れているからだろう。

愛に視認性を与えるため、私は自分の最も有名な方程式で単純な代用品を作った。「E＝mc2（二乗）」の代わりに、私たちは次のことを承認する。

世界を癒すエネルギーは、光速の2乗で増殖する愛によって獲得することができ、愛には限界がないため、愛こそが存在する最大の力であるという結論に至った。私たちを裏切る結果に終わった宇宙の他の諸力の利用と制御に人類が失敗した今、私たちが他の種類のエネルギーで自分たちを養うのは性急である。もし私たちが自分たちの種の存続を望むなら、もし私たちが生命の意味を発見するつもりなら、もし私たちがこの世界とそこに居住するすべての知覚存在を救いたいのなら、愛こそが唯一のその答えだ。恐らく私たちにはまだ、この惑星を荒廃させる憎しみと身勝手さと貪欲を完全に破壊できる強力な装置、愛の爆弾を作る準備はできていない。

しかし、それぞれの個人は自分のなかに小さな、しかし強力な愛の発電機をもっており、そのエネルギーは解放されるのを待っている。

私たちがこの宇宙的エネルギーを与えかつ受け取ることを学ぶとき、愛しいリーゼル、私たちは愛がすべてに打ち勝ち、愛には何もかもすべてを超越する能力があることを確信しているだろう。なぜなら愛こそが生命の神髄だからだ。」

量子力学が空の世界を証明　物質をつくる　あるブログより

今、量子力学、量子物理学がどんどん進化しています。量子力学のいきつくところは、真理として全てのもの（物理）をつくり出しているエネルギーの世界です。アインシュタインの気付いた愛の世界です。愛とは不可視の光で不可分のエネルギーのことです。私たちの想念、意識も不可視の光で全智全能のエネルギーなのです。心も生命も全て不可視の光なのです。

パム・グラウド氏の心に響く言葉より・・・

２０１５年８月、科学雑誌の「ネイチャー」で世界を驚かすような研究が紹介された。

ここにあるもの（たとえば私たちの思考）が、向こうにあるものに影響を与えるということがついに証明されたのだ。

遠く離れた物体が互いに影響を与え合うというのは、量子論の核となる考え方の一つだ。

二つのダイヤモンドを約１キロ離れた場所に置くと、それぞれの中にある電子が、同時に回転する方向を変える…これはたしかに、伝統的な物理学にとっては衝撃的な発見だ。

実際のところ、この種の実験はすでに１９７０年代には始まっていたが、オランダのデルフト工科大学で行われたこの実験は世界に衝撃を与え、「ニューヨークタイムズ」紙をはじめとする世界中のメディアで大きく取り上げられた。

この実験によって、地球上の存在がすべてつながっていることが証明されたからだ。

言い換えると、私たちの意識には、とてつもなく大きな力があることが証明されたのだ。

ドイツ人物理学者のハイゼンベルクによると、人は自分が見ているものすべてに影響を与え、変化させる。何かをただ見るだけで、その何かの分子を変え、原子を変え、エネルギーを変えるほどの力を発しているということだ。


意識すればそこに量子が偏在する。　ある人のブログより抜粋掲

米国ノエティック研究所の主任研究員であるディーン・レイディン博士。

博士は意識と現象の関係について様々な面白い実験をされています。その一つが量子力学で有名な「二重スリット実験」を応用したものです。
二つのスリットに向けて素粒子を発射します。

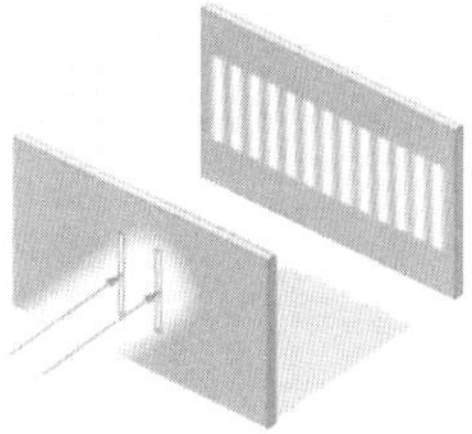

すると、なぜかその先の壁面が縞模様になってしまう、という実験です。素粒子が粒（物質）であるならば、壁に浮かぶ縞模様は2本になるはずなんですが、なぜか波（エネルギー）の状態でしか現れるはずがない縞模様になってしまう。

で、なぜそうなるのか確認しようとして観測すると、その縞模様は2本の線で現れます。

つまり、素粒子は人間が意識していない時は波（エネルギー）の状態で、人間が意識（観測）した時だけ粒（物質）になっている、ということになるんです。

これを「観測問題」と呼んでいます。

なぜ「問題」と言われているかというと、その現象は確認されていますが、なぜそうなるかはわかっていないからです。

で、レイディン博士はこの実験の応用版を行いました。

その実験とは、光子（素粒子）をこの二重スリットに発射している際に、スリットの片方だけを多く通過するよう念ずる、というものです。

光子をただ発射しているだけの時はやっぱり普通の縞模様が現れるのですが、人が片方だけ通過するよう強く念じ始めると、明らかな偏りが見られたそうなのです。

つまり、人が念じている間だけ縞模様が変化してしまうらしいのです。この実験を一般人250人で繰り返し行いましたが、いずれも同じ結果が出たとのことです。

つまり、人間の意識で素粒子の位置が変化したということです。実際、意識もバイオフォトンという光子（素粒子の一種）です。光子なので、エネルギーでもあり物質でもある、という二重性の存在です。「粒」、つまり物質になると、自動的に時間と位置が決まるからです。

第三章　知花先生との出会い

初めて触れた真理

当時、インドをはじめ世界のどこを見ても、また国内を見ても「かわいそうな人」があまりにも多いように思えてなりませんでした。

「天は人の上に人を造らず　人の下に人を造らず」

「人間は全て生まれながらにして自由で、平等である」

でも私から見たら、どう見ても平等では無い。多少甘く見ても、不平等である。

なぜ、幸せな人と不幸な人がいるのだろう。

なぜ、全ての人が幸せになれないのだろう。

釈迦の言葉に、「極楽浄土は今即あなたの心の中にある」、「幸せは今即心の中にある」というのがあります。

私は、この意味が知りたくて、知りたくて、仏教やお寺に近づいて行きました。でも、多くの坊さんに会って聞いても、私を納得させてくれる人はいませんでした。

また、イエスの言葉に「天国（幸せ）はあなたの手より足より近し」とあります。手より足より近いということは、やっぱり心だ。今度は、キリスト教に入り、教会へ通い、牧師や指導者と一緒に学んでいましたが、やはり私を納得させてくれる人はいませんでした。

そんなことから、自分でやるしかないと始めたのが、滝行や断食や座禅でした。そして、瞑想に関しては若い頃から関心があり、手まね、足まね、ものまねでやっていました。瞑想の会には数多く参加し、色々な瞑想の指導者にも教えをいただきました。それは、それは20年間、真剣勝負でした。

それでも、幸せが心にあるという意味が理解できませんでした。いつも心のどこかに曇りがあるような感じだったのです。

それがある人との出会いで、心が晴れたのでした。

清里にすごい先生がいる。

沖縄出身の人で、どんなことでも知っている。

アカシックレコードとつながっているそうだ。

釈迦やキリスト級の人らしい。

こんな噂を聞いて、いてもたってもおられず、清里へ行きました。優しい先生と聞いていたのですが、何と鋭い目、こんな怖い目は初めてです。身が縮むような思いです。人間のいやしい心、色情の心、私のこと全てを見すかされている。それでも、作り笑顔で耐えている感じです。先生が気をつかってか、メガネを掛けられて、少しだけホッとしました。

先生曰く、

釈迦もイエス・キリストも全く同じことを教えているのです。弟子らが本当の教えを理解できなかったために、仏教やキリスト教という宗教団体を作ってしまった。そのために、神や仏の純粋な教えを学ぼうとしている人たちの道や方向性を変えてしまっている。大きな損失です。こんな話から入りました。

知花先生は十数年間、毎朝、毎晩、講話をしてくださいました。

生命とは何か、肉体とは何か、

実相とは何か、仮想とは何か、

天とは何か、地とは何か、

真理とは何か、物理とは何か、

空とは何か、色とは何か、

悟りとは何か、

宇宙エネルギーとは何か……。

毎日、毎日、さまざまな角度から見えない真理の世界、空の世界、神の世界を、相対的手法を使い、たとえ話を用いて話してくださいました。

初めての講話

私にとって、初めての講話です。ピッタリ夜8時からです。その日は30人ほどの人が集まっていました。

「みなさん、こんばんは。早速ですが……」と話に入りました。当時、私は「生長の家」の信者でした。神の話、生命の話、どんな話を聞いても全て「生長の家」の谷口雅春先生とダブらせて理解するクセがついていました。

そうだ、そうだ。わかるぞ。あれ？　これは違うぞ。とか、30分くらい左脳を使って、納得しようとしたり、戦ったりしていました。そのうち、だんだん疲れたのかも知れませんが、私の中の谷口雅春先生が消えてしまいました。知花先生の話に集中できたのでしょう。そしたら、胸や体が熱くなって、目から涙がジワ〜っと出てくるのです。そして、頬を伝わってどんどん流れ出すのです。少し恥ずかしくなって、唇を噛み締めます。それでも、涙はどんどん流れます。

そのとき、先生が私の方を見て軽くうなずかれました。

それでいいのですよ。それで良いですよ。という感じです。

二日目、三日目も同じように涙が流れ落ちました。いつまで続くのかと思っていたら、七回位同じ現象が起きたように思います。そして、次からはなぜか涙はピタッと止まってしまい、逆に拍子抜けした感じでした。その涙の流れた後の清々しさは、それは、すごいものでした。私のきたない心が、涙で洗われたような感じでした。

新潟講演

知花先生に、一泊二日で新潟に来ていただいて、3か所で講演会を開催しました。いつもの清里での講話よりも、もう少し現象界的な話も多く取り入れてくださり、参加者みんな、それぞれ喜んで聴いてもらうことができました。

その講演の中で、先生が、「今、新潟は、いつ大きな地震が起きてもおかしくない状況にあります。地面がパンパンに膨れています」と言われたので、講話の後、昼食時にレストランで、私は先生に、「地震はいつ頃起きますか。どのくらいの大きさですか」と聞きました。

先生は、「でも大丈夫ですよ。心配しないでください。ところで、新潟は広い範囲で石油が出るのですか」

私は、「いいえ、石油は新津と云うところで、ごく一部です」

先生は、「そうでしたか、新潟平野が一面、炎に包まれているイメージがあったものですから」

私は、「石油ではなくて、天然ガスが沢山あるのです」

先生は、「あ、そうですか。収穫間際の稲が燃え、一面、火の海と云うイメージだったんですよ。でも、本当に大丈夫ですから」

その一週間後に能登沖で、やや大きな地震がありました。私は、すぐに先生に、「新潟の地震が移ったのですか」。先生は、「そうですね、そのようですね」と。

その後、知花先生には、新潟に何回か来ていただきました。二回目の時だったと思いますが、先生が新潟に来る日、大雪になってしまい、時間に遅れそうになったことがありました。

その時の、知花先生の講演の第一声が、「みなさん、すみませんでした。今日の大雪は私のせいなのです。夕べ、寝るときに何故か、『明日は新潟だ。雪が降らなければいいな』と、うっかり雪の降る光景を、一瞬でしたが、観てしまったのです。そのために、こんな大雪になってしまったのです」と。

函館にＵＦＯがやってきた

北海道の函館に沢田さんと云う友人が出来ました。

ある日、沢田さんから、新聞記事のファックスが届きました。その内容は、

「函館にＵＦＯが時々来ている」という記事と、ＵＦＯの写真でした。
そんな頃、知花先生も「函館に行ってみたい」と云うことでした。函館の沢田さんも、新しいことが好きな人で、色々研究している人で、知花先生とも面識がありましたので、知花先生を誘って、一緒に函館に行きました。

それから数週間後に、奥尻島で地震が起きました。大きな津波に、大きな被害がありました。その後の知花先生の話は、「函館山火山の噴火のエネルギーが、奥尻島の地震に変わった」のだそうです。ＵＦＯが函館山に来ていたのは、「波動調整をして、エネルギーを動かしていた」そうです。そして奥尻島の津波の高さに関して、「気象庁の発表の数字よりも、はるかに高い波だったと思いますよ」と、知花先生が云っていました。それから知花先生は、「テレビで世界中に津波のニュースが流れ、世界中の人が、見たと思います。

あの時は、神からの警告として、いくら物や、お金を貯めても、一瞬のうちに、泡として消えてしまう。物やお金には、価値の無いことを気付いて欲しいと云う意味（エネルギー）があったのですよ」と言われました。数年後、気象庁は奥尻島の津波の高さについて、大きく修正（高く）したことがあったなあと思い出しました。

富士山の噴火とＵＦＯ

20世紀末の少し前頃、私が清里に住んでいた頃、家の前から富士山が見えるのです。

夜８時からの講話が終わって帰る９時半ごろ、星が綺麗で、毎日のように星空を眺めていました。昼間見える富士山の頂上辺りに、星がピカピカ輝いているのです。ある時期、曇ってなければ、毎日のように見えたのです。それは、ピカピカ、チカチカと、星なんかじゃなくて、まるで蛍のような、生き物のような、光り方だったのです。

もしかしたら、ＵＦＯじゃないかと思い、知花先生に話をしたら、「それは、間違いなくＵＦＯですよ。富士山が噴火しそうなので、多くのＵＦＯがやって来て、波動調整しているのです。今、噴火すると、横浜や東京辺りまでが、火砕流が流れ、街は火の海になる可能性が大きい。だから、それを調整してくれているのです」と。

それから１週間後位には、あの「ピカピカ」が見えなくなったのです。先生は、「波動調整が終わったようですね」と。

そして、その約１週間後に、雲仙普賢岳が爆発したのでした。私たちは先生に、「富士山のエネルギーが動いたための爆発ですか」と尋ねました。先生は、「そうですよ。日本地図を広げ、富士山と○○島、○○○山と○○○山、定規を使って線を真っ直ぐ描いてご覧なさい」と。

私は早速、線を引いてみたら、雲仙普賢岳で交わるのでした。

オゾン層の修復工事

知花先生は、更に、こんな話もされました。

「今、人類が無知のために、大気圏を汚して、エネルギーをなくしたので、オゾン層に穴があいてしまったのです。そのオゾン層の修復をやっているのが、ＵＦＯなんです。

オゾン層は、地球のオーラであって、大気圏の中を、宇宙空間から来る、強力な紫外線や電磁波など有害物質から、地球を守っているのです。また、大気圏の中の熱を外に出さないようにしているのですよ。その修復を、他の惑星から来て、やってくれているのです。感謝しなければなりませんね」

太陽の表面温度は25℃？

今の科学の定説では、「太陽が超高温で燃えて、光と熱を太陽系に放射、当然、地球にも届いているので、その光と熱のエネルギーで全ての生物は生かされている」

……実は、太陽の温度は25℃以下なのです。熱はないのです。熱は地球の中にある、真っ赤に燃えているマグマの熱が地表から放射されているのです。空間にある熱が、太陽の光に触れると一緒になって地上へ降りてくるのです。だから地表が一番温かいのです。太陽に近い高い山、ヒマラヤなどは熱がなく、寒いため一年中雪や氷で覆われているのです。

その太陽の光も、太陽が燃えてつくり出しているのではなく、アクエリアス（全て一つと云う、統合の波動の水瓶座）からの光を受けて反射して、太陽系に放射していると言うのです。ちょうど「月の明かり」のようなものですよ。今の科学者は気づいている人もいるようですが、そんなことを発表すると、「頭が狂っている」と言われ、研究や仕事が出来なくなるため、あえてその件については、一切触れないでいるようです。早く本当のことが自由に言えるときが来るといいですね。

火山の小噴火は大歓迎

知花先生は、よく言っていました。

「これから地震や、火山の噴火などが多くなると思います。地球の中には、外に出たがっているエネルギーやガスがいっぱい溜まっているのです。小さな地震が多く起きれば起きるほど、大きな地震の発生の可能性は小さくなります。その理由は、簡単です。これらの地震は、すべてガス抜きのようなものです」

私、風天が思うには、知花先生は、天（原因の世界）から観て言っているのです。政府や東大の地震研究の先生方は、地（結果・現れた世界）から見ているので、「アベコベ」になることがほとんどです。地震研究の先生方は、過去の地震発生のデータを分析して、それに基づいて、「30年以内に70％の可能性」などと言っていますが、何万年前、何億年前の地球と、今の地球の中のマグマなどは、全く変わっているのです。「現れた結果のデータ」は、分析するようなものではないと、思います。

地球は活動期が終わり、「聖なる星」に生まれ変わろうとしていると、云われています。

地球のできた頃は、岩石とマグマで爆発をくり返して、何億年が過ぎ、ガスが発生し、水素や酸素ができて、水ができて、植物ができて、動物ができました。

今は、海水でおおわれた「水の惑星」ですが、これからは、「エネルギーの星」、「聖なる光の星」に生まれ変わろうとしているときです。それで、「地球の次元上昇」という言葉ができているのです。地球には、大昔のような大地震の起きる可能性は少ないと思います。

想念と物質化現象

少し前の話です。清里で先生の講話を聴きながら、「物質化現象」のことを思っていました。

知花先生の話では、「いずれ、あなたたちも物質化現象を行うことになるのですよ。現に今、あなたたちの体の中では、物質化現象が行われているのですよ。今朝食べた、ごはんやおかずが、体の中で血や肉やエネルギーに変わっているでしょう。これが原子転換ですよ。植物なんかも、水と栄養分を葉っぱにしたり、おいしい実にしたりしているのも、全て物質化現象みたいなものですよ」そんな話を聞きながら私は、空気（質料とエネルギー）から、どんな風にして物質化するのかなあ……と、サイババ先生のことを思っていました。

講話が終わりました。先生が、一呼吸おいて、「物質化現象とは、イメージの力とバイブレーションですよ！」と。あっ、私へのメッセージだと、すぐ分りました。

「想念は実現の母」と云うタイトルの講話の中で、「全て１００％、まず想念からはじまり、想念は必ず実現する」と云う内容が、リアルに話されているのです。

まず私は、「どんなエネルギーグッズをつくるか。それからだ！」と、研究をスタートしました。

「今、世の中で、何が一番必要になっているのだろう？」と、考えました。日本の国は化学が発達し、「化学物質大国」になっています。プラスチックやビニール、洗剤やシャンプー、食品添加物や防腐剤、農薬や化学肥料、衣類から建築材、生活用品から口に入るものまで、ほとんどが「化学」です。

日本は、その「化学」のお陰で、経済大国になっているのだと思います。

毒性を消す

化学物質から必ずと云っていいほど、毒性が出るのです。大なり小なりはありますが、「その毒性を消すエネルギーグッズをつくろう」と、思いました。

全ての毒性は、『偏り』です。その偏りを、無くすれば、毒性が消えるのです。たとえば、ＰＨ７（中性）の「浄水器を通した水道水」は、毒性が無く、ガブガブ飲むことができます。

その水を、アルカリイオン製水器にかけて、ＰＨ１の酸性水と、ＰＨ１４のアルカリ水に分けたとします。その水は、どちらも飲むことができません。殺菌剤、消毒薬に変わっています。その水を飲みたかったら、両方の水を混ぜて飲めば良いのです。それが、酸性とアルカリ性の中和で、調和でバランスなのです。中庸になるのです。釈迦は、その中庸を『仏』とも呼んでいます。

マムシがいます。マムシは、普段は毒性を持っていないのですが、何かでカッと怒った時に、電気が発生し、マムシの体内で電気分解がおこり、歯茎にＰＨの強酸、血液にＰＨ１４のアルカリが発生するのです。マムシに噛まれたら、ＰＨの強酸で、人は死んでしまいます。マムシを捕まえれば、怒ります。怒れば、マムシの血液がアルカリになって、その血を噛まれたところにつけたり、飲んだりすれば、中和されて毒性が消えるのです。これが、「マムシの血清」です。

植物のトリカブトの毒性も、同じ原理です。トリカブトの木の周辺には色々な物質が、土の中、水の中、空気の中に存在しています。トリカブトは、他の植物に先がけて、自分の好きなものだけを全部、自分の根っこに貯めるのです。その偏りが毒なのです。その周辺の草や木は、トリカブトが集めたもの以外のもので、育っています。もし、トリカブトの毒にあたったら、その周辺にある全種類の草を食べれば、偏りが無くなり、毒性は消えるのです。これが中和です。

こんな実験をしたこともあります。

山梨に、プラスチックや塩ビの加工の小さな会社がありました。そこの社員Aさんは、環境問題にすごい関心を持っていました。

廃材を焼却炉で燃やしています。黒い煙がモクモク上がります。その黒い煙をパイプで引っぱって、水のはいった大きめのバケツにブクブクさせるのです。その水を畑の野菜にかけると、１週間もしないうちに枯れてしまうのでした。また、焼却炉に残った灰を野菜にかけると、これも同じように１週間もしないうちに枯れてしまうのでした。黒い煙は、酸性のダイオキシンでした。灰の方は、アルカリのダイオキシンです。

そして次に、酸性のダイオキシンとアルカリのダイオキシンを混ぜて野菜にかけると、これが枯れないのです。酸とアルカリで中和されて、偏りがなくなるから枯れないのです。

今度は、私のつくった水をかけると、黒い煙ブクブクの野菜も、灰をかけた野菜の方も、枯れないどころか、かえって元気になったのです。「０活性」の水は、常にどんなものにも、偏りのない調和の方向に持って行くのです。

病気、不幸、苦しみ、困ったことなどは、全て偏りなのです。どこで、何が偏っているのかが分かれば、中和、調和、バランスして、中庸になれば、すべて解決するのです。宇宙の法則です。

風大和でつくっている水や空気活性器、その他の商品も全てが超精妙な調和のエネルギーを発生するようにできています。その調和の微振動が毒性を中和してくれるのです。

人類と地球を救うためにきた、知花先生

知花先生の役割

1990年頃、知花先生はこんな話をしています。『私はかつて、釈迦やイエスを指導したこともある、トートという名前のときもありました。

人間として地球に生まれてくる必要はなかったのですが、人類があまりにも低い意識でいるために、地球の北極と南極が入替わる、または地球がなくなる。人類が大変なことになるので、やむを得ず、地球に出てきました。』

低い意識とは、物質意識のことです。地球は、大自然は、「万物の霊長」といわれる人間の意識で良くも悪くもなるのです。

私が思うには、知花先生が地上に来た目的は、一つは地球の地軸の調整。一つはノストラダムスの「地球が崩壊してなくなる予言」をくつがえすため。もう一つは、「神は科学である、宇宙科学、創造の科学である」、宇宙エネルギーの存在とその使い方を人類に伝えること。講話と瞑想を通して、多くの人を天に連れて帰る（悟り人になるお手伝い）ことのように思えます。

地軸の調整

地球は北極点と南極点、磁気的に北（N極）と南（S極）を中心軸として回転しています。それを地軸と云います。その地軸を支えているのは、地軸に対し直角（90度）の気軸（天軸）なのです。地とは、肉眼で見える姿・形、つまり物質のことです。それに対し天は、見えないエネルギーのことを指します。釈迦の言葉で説明すると、地とは「色・結果」のことで、天とは「空・原因」のことです。

地球という丸い形は、北極と南極の地軸を中心に回転しています。気軸（エネルギーの軸）は、何と日本の本州のど真ん中、山梨県に近い長野県の野辺山と、反対側は、南米のパラグアイを軸にして、少しゆがみながら回転していました。

風天が思うには、日本には春夏秋冬のはっきりした四季があったのは30年位前まででではないでしょうか。その根拠としては、日本の天文観測の国立天文台は、磁気の影響の少ない「0磁場」の野辺山におかれていたのです。

しかし今は、0磁場地点は沖縄に移ってしまったそうです。日本の反対側の地点は、パラグアイからボリビアのサンタクルスに移ったそうです。

その頃、私は新潟県の横越村と云うところに住んでいて、毎朝、同じ場所から朝日が昇るのを見ていたのです。一年の内で一番北側から昇る夏至の日、10年位で、日が昇る地点が、ずいぶん南寄りになっていたことを覚えています。毎回、山形・福島方面の山々をバックに見ているのですが、ずいぶん大きくずれてきていました。

地球にエネルギーが少なくなってきたためだそうです。たとえ話で云うと、コマが勢いよく回転している時は、垂直に立っていますが、力が無くなってくると、頭の方がグラグラ揺れてくるのと同じ現象です。さらに勢いがなくなってくると、転んでしまいます。地軸の力がこれ以上なくなってくると、北極・南極が入れ替わってしまう、一回転してしまう「ポールシフト」という現象が心配されていたようです。

知花先生は、年に何回も、沖縄とサンタクルスへ行き、気軸の確認をされていたようです。私も数回サンタクルスへ一緒に連れて行って頂きました。どのようにして、地球にエネルギーを入れるかは、後で説明したいと思います。

次にノストラダムスの予言ですが、知花先生曰く『予言とは、必ずくつがえすことが可能なものしか出てこないのだ』と。なぜそのような予言が出されたのかよく考えて下さい。必ず知恵が出てくるものなのです。

この度の予言は、２万６千年毎に起こる可能性のあるものなんだそうです。地球が太陽系の惑星を全部廻ってくるのに、２万６千年かかり、太陽系が12星座を一廻りするのに、同じ2万6千年かかるのだそうです。その出発は、全く同じときからのスタートなのだそうです。(物理的な廻るのではなく、エネルギー的な動きです。)

水瓶座（アクエリアス）からスタートして、最後の魚座（双子座・パイシス）で終わり、次のスタート、水瓶座に変わるときが１９９９年７月１７日だったそうです。今までも、双子座（パイシス）の波動のときは、必ず物質文明が栄えてきて、見える物だけに価値観を持ってしまい、物の奪い合い、権力の奪い合いから、戦争、戦い、殺し合いが行われるのだそうです。

今も世界は、パイシスの波動の余韻が続いています。世界の国のトップは、すべて物質中心の人たちです。なぜなら、物質文明の「長」だからです。

ノストラダムスの予言とは

1999年7月17日、地球がバラバラになり、地球と人類が滅亡するという内容です。なぜ地球がバラバラになるのか？　その日は、グランドクロスと云って、地球を中心に大きな惑星が十字に並ぶんだそうです。月も引力で地球を引っ張るのですが、地球の本体は動かず、動きやすい海の水が動くのです。それが引き潮、満ち潮になっているのです。大きな惑星の力で引っ張ったら、地球はバラバラになる可能性が大きかったので、知花先生はそれを防ぐために地球に来たと言っています。

陰陽のバランスを崩した

大自然は、宇宙は、なぜ、そんな弱い地球をつくったのだろう。おかしく思いませんか？　本来、地球はそんなことでバラバラになるようなものではないのですが、地球にエネルギーがなくなってしまっている状態だからです。

エネルギーとは力のことです。力とは、能動原理と受動原理です。能動は、男性原理（陽）で、受動は女性原理（陰）です。陰と陽のバランスの力なのです。見えないエネルギーは、動かす力で陽なのです。見える物質は動かされるもので、陰なのです。

人類が、見える物質（陰）だけを意識して、見えないエネルギー（陽）を意識しないために、陰陽のバランスが崩れ、陰だけに偏ってしまったのです。

その結果として、エネルギー不足で、地球内部の結合力が弱くなり、四方から引っ張られてバラバラになるという予言です。

エネルギーをつくりだす方法

ニワトリの卵が2つあったとします。一つは無精卵、一つは有精卵です。卵は卵子、女性原理で陰。精子は男性原理で陽です。無精卵は、栄養も少なく、すぐに腐ってしまいます。有精卵は、栄養もエネルギーも高く、あたためると「ひよこ」が生まれます。精子(陽)と卵子(陰)のバランス・調和が力なのです。オシベとメシベ、オスとメス、男性と女性、見える「この世」も、見えない「空(くう)」も、すべて陰と陽のバランスが力で、その力で成り立っているのです。

地球にエネルギーを入れる

　知花先生は、みんなに「瞑想をしてください」と真剣に瞑想をすすめました。人間は、肉体（陰）と生命（陽）の融合体です。全人類が、見える物質（陰）だけを意識して、その肉体をつくり生かしつづけている生命（陽）を全く意識しなかったために、陰に偏り、地球にエネルギーが無くなったのです。だから、本当の自分とは、見える肉体ではなくて、その肉体を生かし続けている命が自分だと意識することで、肉体（陰）と生命（陽）のバランスがとれ、体からエネルギーが放射されるのです。

　このことを、瞑想、内観と云います。このときのエネルギーは、陰陽の愛のエネルギー、中庸のエネルギーで、正に宇宙エネルギーそのものなのです。

地球と云う卵（陰子）に精子（陽子）が入り、有精卵のような、エネルギーのある地球に生まれ変わらせるためなのです。

地球の存続が可能

一時、地球が危ない状態にあったとき、知花先生は講話以外すべて瞑想していることを何カ月も続けていたように見えました。私たちも微力ながら、一生懸命に瞑想しました。

ある日、知花先生がニコニコして、数人の人に言いました。

『地球の存続が決まりました。見えない霊の世界で決定したので、それがそのまま現象として現れるので、間違いありません』北極・南極の地軸のズレの進行も止まり、グランドクロスの惑星の引力にも負けず、知花先生のお蔭で、辛うじて達成できたと思っています。ノストラダムスの予言は、知花先生の指導のもとで、みんなでくつがえすことが出来たと思っています。

生まれ変わることができた風天

「肉眼で見えるものは存在しない」

「あなたは人間ではなく、初めから神である」

こんな話、信じられますか？　みんな逃げ出してしまいますよね。

私は多くの仲間を連れて、この知花先生の講話を何回も、何回も聴きに行きました。しかし、みんな離れてしまって、結局残ったのは、5本の指で数えられるほどでした。

私の場合、幸いにも、まちがった難行苦行や、まちがった宗教の遍歴があったせいか、「この先生は本物だよ、本物だ！」と心の中で叫んでくれるものがいたために、知花先生を疑うことは一度たりともありませんでした。今思えば、本当にラッキーだったと感謝しています。

第四章　想念は実現の母

想念は実現の母　紙上講話　知花敏彦先生

今日は、「想念は実現の母」ということについて話してみたいと思います。皆さん方はよく想念と云う言葉を使いますけども、この想念というのは何なのかと、まず考えなくちゃなりませんね。

想念というのは「思い」ですね。すなわち「念」ですね。その想念は、「祈り」なんです。想念は「波動」でもあるわけです。

なぜ想念は、「実現の父」ではなく、「母」なのか。それは、ものを産み出す、具現だからです。皆さんの日常生活は想念なのです。想念の通りしか、肉体は動かないのです。

その想念には正想念というのと、悪想念というのがあります。悪想念は悪を産み出しますし、正想念は善を産み出す。これが運命で、全てを左右するんですね。何を思っているのか、思っている通りの以上のものでもないし、以下のものでもないです。あなた方の想念は、自分の運命を全て決めているんですよ。

想念が如何に我々の日常生活に影響を及ぼしているかと、いうことを知って下さい。

その想念っていうのを外来語に直しますと、「イメージ」。すなわち、「ビジョン」ですね。イメージとか、ビジョンと言っている訳です。

皆さん方の1分1秒間が、イメージであり、即行動ですね。行動とイメージ、想念とは、表裏一体なのですね。表裏一体ですよ。

結局、今朝、皆さん方はここでお話しを聞くことをイメージしたのです。想念したのです。これが、皆さん方の日常生活の動きを決めているのです。

何が動かしています？　自分の肉体は？　想念ですね。

悪い想念を起こしますと、悪い行動を起こしますし、いい想念を起こせば、いい行動を起こす。これが日常生活なのですね。

ここでお話しが終わったら、次は何をしようという、まずイメージが起こります。そしてその通りに肉体は行動する訳です。

だから、ものを具現する波動なんですね。だから皆さん方は、この想念というものを、よっぽどコントロールしませんと、その思いをコントロールしませんと、悪に走る不埒（ふらち）な者も多い訳ですね。

たとえば、強盗しようということ。勝手に肉体が強盗する肉体って居るのでしょうか。強盗するにもビジョンがあるはずですよ。どういう具合にして、どういう具合にという計画、すなわち計画的なビジョンがあるはずです。想念があるはずですね。どこにいったら金があるはずだから、どういう具合にしてそれを盗もうか、盗ろうか、という想念を起こす人もいますね。

或いは、人を殺す想念もあります。どのようにして、あの人を殺せばいいか。一生懸命、ビジョンをつくるはずです。ビジョンをつくって、そして肉体は、そのビジョンには絶対服従ですから、従うはずですね。

一日一日がビジョンであり、行動ではありませんか、皆さん方は？　それが具現を築いていることをご存知ですか。今日一日何をするかということ。まずビジョンを、計画、これを計画と言いますけども、それをたてるはずですね。ビジョンをたてて、その通りの一日を、みなさん過ごされるんじゃないですか。

では、どの程度、その想念っていうものが我々の日常生活に影響を及ぼしているかということを考えたことありますか。何パーセント影響を及ぼしています？　何パーセント？　１００％なんです。１００％なんですね。１００％そのビジョンの中に居るのです。

何故、その母と云うかと言いますと、もの、質料、すなわち物質的なものの現れですから、母なる大地、この世に現れる具現ですから、想念は実現の母なのです。

あなた方は思っている通りのものであって、それ以上のものでも、以下のものでもないと、いうことなんですね。何を考えているか、何を思っているか、これは日常生活の祈りなんです。だからあなた方、望んでいる通りのものを得ているはずですね。それは良いにつけ、悪いにつけですよ。これは、ビジョンということは、得ることを求めたということですから、悲しいことを思えば、悲しいものを得ますね。悲しい想念は、喜びが具現しますか？　悲しいことが具現しますか？　悲しいことですね。

これは誰がつくるんでしょうか？　そのビジョンは？　自分ですね。怒りという想念は、怒りを具現しますね。怒りを具現します。だから、この具現と、その想念というのは、裏表（うらおもて）の関係なんです。原因と結果なんですね。想念は原因で、そして結果として現れる訳ですから。これはもう、表裏一体としてものは存在しています。

あなたの肉体は、あなたのビジョンに逆らいますか？　逆らう？　逆らわない？　逆らわないですね。これは日常生活のビジョンなんです。

皆さん方、一番大切なビジョンを忘れているんじゃなかろうかと、いうことなんですね。それは、「神のビジョン」なんですよ。神をイメージすること。「我神なり」という思いを、想念を起こしますと何が現れます？　何が？神が現れますね。「我人間なり」というビジョンは？　人間が現れますね。一番大事なことを忘れているんじゃなかろうかと。

だから、神だと思わないで、神が現れることは全くないですよ。逆も真なりですね。一生懸命、自分の病気をイメージしている人がいるんですよ。「私は病気なんです」と。「病気なんです」と、病気の想念を持っている人がいるんです。或いは、ある人は健康の想念を持っていますね。「私は健康だ」と。

だから、そのビジョンというものは、即時に働くということを知って下さい。みなさん、想念というものは、ゆっくりと働くのですか？　即ですか？即なんですね。

アメリカに、有名な人がいるんです。ビジョンだけで、病気を１００％治す人がいるんですよ。１００％ですよ。どんな車椅子で来ましても、帰りはピンピンですね。有名な人がいるんです。

その人はどのようにして、その病気を治すかと言うと、その想念のコントロールなんですよ。治療はどのくらいの時間がかかるかというと、３０分です。これはお医者さんなんですけど、全く、その西洋医学は使わないんですよ。

そのビジョン、病気の想念を全て放棄、捨てさせまして、光をイメージさせる。光を。目もくらまん光を、この自分の肉体から、その、目も眩まんばかりの光が放射しているんだと。そして細胞一つ一つが輝いているのだというビジョンなんですね。

そうしたとき、そこに闇は残る？　残らない？　残る？　残らない？　残らないですね。

それを聞いた別のお医者さんから、「そんな馬鹿なことが」と、「そんなことで病気が治るものか」と、「まやかしだ」と言って、一時的に相当非難された時代があったのですよ。

しかしそれをあるお医者さんが、疑っているお医者さんが、10何名か、自分の病院から、一番手を焼いている、長い期間治らない人を、車椅子の連中だけを連れて行ったら、15名共、30分でコロコロ治ったもんだから、そのお医者さんまで、それをやり出したという実例があるんですね。

それは何がその健康を具現したんでしょうか？　想念ですね。

想念以上に大きくなりますか？　想念以上に働きますか？　その肉体には善悪の識別はないんですよ。良いにつけ、悪いにつけ、思ったビジョンを具現するのが、この肉体という道具です。その肉体に善悪の識別はありませんので、言いつけられたまんま働くのです。

第五章　宇宙とは何か

エネルギーは三つともえで働く

宇宙とは宇宙エネルギーのことです。宇宙エネルギーとは、宇宙はエネルギーですよ、エネルギーは宇宙ですよと云う意味です。それは肉眼では見えない不可視、一切分けることのできない不可分の、一つの存在のことです。

そのエネルギーは、父なる神と母なる神、そして息子が三つともえとして働くのです。それは陽と陰と中性子、＋と－と＋－の三つともえで働きます。今回は、どんな働きをするかを決めるのは息子（＋－、中性子）で、これを想念と云うのです。

さて、あなたは誰でしょう？

父であり、母であり、息子であるのです。それが心に生命力として、意識として働いています。

あなたの肉体も、全て宇宙エネルギーです。肉体は細胞の集まりです。肉体から細胞を取ってしまったら、何も残りません。その細胞をつくっているのは分子です。細胞は分子の集まりです。分子とは、宇宙エネルギーの一部分と云う意味です。

分子は原子の集まりで、原子は（＋）と中性子（＋－）と電子（－）で出来ています。細胞から分子を取ってしまったら何も残りません。全て父なる神（陽＋）と母なる神（陰－）と息子（中性子＋－）の宇宙エネルギーが肉体をつくり、心（意識）と生命力（意識）で生かし動かしているのです。何をするかは、息子（意識）が全てを決めています。

あなたも私も一つの宇宙エネルギー、神として存在しているのです。全ては一つの宇宙で、一つの意識体だと云うことです。

父、母、息子の働きを心でイメージします。父も母も息子も全て全知全能の神が、父、母、息子の役割を演じているのだ・・・目を閉じて、ボヤーっとイメージします。それをくり返しているうちに、自分で何かを感じ始めます。くり返し、くり返し、肉眼では見えない宇宙の働きをイメージする、神を観る、エネルギーを心静かに観ることを瞑想と云います。

それが実感できると、宇宙エネルギーをある程度、自由に使えるようになって行くのです。

もちろん今でも毎日、想念を使って、宇宙エネルギーを使っているのです。誰が何を想念するかが大切だと思います。今までは、人間、肉体、個人と云う意識で想念するから小さな働きしか出来なかった訳です。それは、意識が低いと、時間がかかり現れにくいからです。さらにその間、反対想念を描くと、具現化しないで消えてしまいます。

想念は誰がやっているか

脳には考える力はありません

知花先生の講話の中で、「脳みそは考える力は一切ありません。考える、思う、想念は心が行っているのです」と話しています。心とは、この宇宙に遍満する、全てを生み出し、生かしている能力のことで、宇宙心と呼んでいます。その心と同じものが、全ての人のハートセンター、心の蔵（くら）に象徴として入っているのです。

心の世界の象徴とは、宇宙心と全く同じ存在で、宇宙心と宇宙生命とは全く同じものです。本当のあなたは、心であり、生命です。頭や脳みそがあなたではありません。想念は、本当のあなたが行っているのです。

心で想念　脳で認識する

心で思う、想念すると、体を通して想念波動と云う波が放射されます。その波を左脳が吸引して大脳に入れます。そして大脳を通過して右脳より放射します。通過するときに脳が認識するのです。認識すると脳が波動変換して、神経や細胞にわかるような波動に下げているのだと思います。（波動とはエネルギーのことです）

神経や細胞が感じることで初めて私が、今、何を思っているのかがわかるのです。

必要な想念は、右脳から空間に放射して、保管することもできるんです。またそれを、左脳で吸引して脳が認識する。これが「記憶」だと思います。そして、不要な想念はそれを打ち消すことで、消してしまうこともできるのです。

あるとき、こんなことを思ったことがありました。
「私が隣の家に居た時に、ある想念をしたとします。それが放射先で働いて、大きくなって戻ってきた時に、私は自分の家に帰っていてその家に居ないのです。すると、戻ってきた想念は、良いことも悪いことも、隣のご主人に行くのかなあ～？？？」と。

でも、それは大丈夫です。人間にはＤＮＡがあったり、手には指紋があって、それがその人と識別できる周波数を出していますので、放射した人の周波数のところに間違いなく戻って来ます。神は、完全ですから・・・。

心と想念

私の好きな言葉で、「神の御心と神の御意志は愛である。完全調和、完全バランス、絶対調和、絶対バランスの愛である」。愛とは不可視、不可分のエネルギーのことです。

神の御心とは、あなたの心、私の心のことで、神の御意志とは、あなたの想念、私の想念のことなのです。あなたの心、あなたの想念とは、愛のことなのです。

心も想念も肉眼では見えない不可視の存在で、更に分けることが出来ない不可分の存在で、心は初めから宇宙に遍満していて、分けることはできません。あなたの想念も、愛として、光として、瞬時に宇宙に放射されて行きます。心も想念も超伝導で、時間も空間もないエネルギーで、不可分の存在なのです。

想念波動が具体的に働くには

想念波動が放射されて、具体的に、どのようにして働くのかなと思っていました。これを家族で話している時に、次男の拓朗が「お父さん、知花先生が想念波動から磁気のようなものが出ていると話されたよ」と云ったのでした。

私はその言葉を聴いた時に、「そうか、磁気だったのか、具体的に働くのは、磁気だったのか・・・」と納得でした。

キャッシュカードは磁気波が働く

ビデオテープやカセットテープは全部磁気テープです。磁気のN（＋）とS（－）の組み合わせで、音や画像を記憶したり再生したりしているのです。

今、みなさんのサイフに入っているキャッシュカードやクレジットカード、マイナンバーカードなどは磁気で記憶したり計算したり、コンピュータとして働きます。それは全てN＋とS－で働いているのです。

釈迦の慈悲とは磁気のことである

知花先生は、イエスの説いた陰陽の宇宙法則、愛のエネルギーと、釈迦の説いた慈悲とは全く同じエネルギーだと言っています。この空の中に無限に存在する父なる神・陽＋と、母なる神・陰－の大調和が天の父キリストという全知全能の力だと言っています。

慈悲（磁気）もN＋とS－で存在しています。棒磁石があったとします。両端は、それぞれN＋とS－です。棒磁石を半分に切ると、それぞれ両端がN＋とS－の棒磁石になります。

さらに半分に切っても、両端はN＋とS－になります。とことんまで小さく切ったら、同じところにN＋とS－が同居していることになります。それがN＋とS－、陽と陰が調和した大調和の愛と同じエネルギー、慈悲なのだろうと思います。

三次元バーコード

次元バーコードが開発され、二次元、三次元バーコード位まで進化して来ています。磁気コンピュータの世界も、三次元バーコード位までの能力なのだと思います。

それを比較するならば、神のつくった想念波動から発生する磁気波は、三千次元バーコード位のレベル、超精妙な磁気波コンピュータだと思います。放射された想念波動N＋Sーは法則通りに働くのです。

放射された波動エネルギーは世の中で働き、3倍、4倍になって必ず発信元へ戻ってくるのです。正想念は幸運・徳積みとして、悪想念は不運とかカルマとして戻って来るのです。幸せや不幸せは、全て想念で決まるのです。

光ファイバー　光通信

初めに光ありき、真理、物理の原因は原因なき原因、究極の原因、それは大いなる存在です。それが不可視、不可分の光のことで、肉眼では見えません。それは宇宙に遍満している不可分、分けることが出来ないエネルギーのことです。宇宙は一つの意識体、それは光体（ひかりたい）のことなのです。

光とは、肉眼では見えないと云う意味ですが、実は見えないものは全て光です。不可分の光も、実は分けることができないものは全て光です。

愛や慈悲、心、想念、意識エネルギーは全て光だと云うことになります。そして、実は、物質も光なのです。物質からは光は見えません。見えないものは、全て光です。

光ファイバーと云うものが開発され、光通信と云う言葉と働きが生まれました。今から35年前、私は光ファイバーを開発した小さな会社の社長と友達でした。長野にあった会社で、千曲工業だったと思います。

工場に入ると、透明な細い直径1㎜位の、中が空洞になっているビニールの紐のような管がありました。その先に光をあてると、いくら管を曲げても、先端の方へ光を送るのでした。当時、最先端の技術だと新聞にも報じられていました。その後、色々なことがあって、その技術は他の会社に移り、会社をやめてしまいました。

光通信網　宇宙コンピューター

電線の代わりに光ファイバーを使って情報を送ります。今までの電線の通信の場合は、1回線に1本が必要だったのですが、光ファイバーを使うと、1本の線に何万回線も送ることが出来て、夢のような働きです。それがきっかけで、世界の通信網が大きく進化したのだと思います。

光ファイバーは、中が空洞になっているだけで、外部の空間とは遮断されているだけだと思います。中の空洞には、実は全知全能の神、宇宙エネルギーが働いているのです。

この全ての空間にも、光エネルギーの働きが用意されていると思っても良いと思います。それは、N＋とS－が完全バランスのとれた、0活性磁場のようなものだと思います。それを「宇宙は一つの意識体だ」と、量子力学で説明しているのだと思います。

宇宙コンピューターの基盤（今のコンピューターの基盤は半導体です）が、父（陽＋）と母（陰－）で、完全な状態で、初めから存在して、用意されている。それを大いなる存在と云うとらえ方で、良いと思います。

研究開発　仮説、実験、気づき

知花先生に何か相談すると必ず、「自分でやってみたのですか？」と云われます。「自分で実際やってみたら、すぐ分かりますよ」と。

実際に体験することを実験と云うのです。体験とは、体で感じる、経験することです。そこで体とは何かと・・・そこで、知花先生の講話の中で、「全ての人のハートセンターに、キリスト、原始細胞と云われる、見えない御霊（みたま）と云われる、完全なたましいが宿っています」

また別の講話では、体のことを魂と呼んでいます。魂とは、かたまりのことです。肉体は細胞の集まりで、細胞は分子の集まりです。分子は宇宙の父

＋、母－、息子＋－と同じ働きをする原子＋、電子－、中性子＋－で出来ています。宇宙は一つの意識体ですから、宇宙の仕組みである父、母、息子と分子の原子＋、電子－、中性子＋－は全く同じエネルギーのことなのです。それで分子の集まり、かたまりを魂と呼んでいるのです。

体感すると云うことは、魂が感じると云う意味で、体感したことは忘れることはありません。例えば、自転車に乗ることも、体感して魂に感じているので、極端な話、歩けなくても自転車には乗れるのです。

そのことを理解して実験したら、何でも分かってくるようなもので、実験中に気づき、天啓が入って来ると思います。ですから、実験は自分でやらなければ、意味がない部分も多いにあると思います。

後でふれたいと思いますが、毎日の生活は体を使ってやっています。体とは魂のことで、魂が経験しているのです。良くも悪くも、体験すれば魂が成長します。成長すると魂が少しずつ光り輝いてきます。

風大和研究所は、大きいことは考えないで、とにかく毎日の生活に宇宙エネルギーを使うことに取り組んでいます。経営理念として掲げる言葉は、「共存共栄のための新価値を創造する」で、新価値とは、毎日の生活に宇宙エネルギーを使うことです。

地水火風の劣化

物質文明の影響で、地水火風である土地、水、エネルギー、空気を汚し、劣化させてしまい、自然環境を壊し、多くの病人をつくり出しています。

土地は農薬や化学肥料で、微生物や小動物を苦しめています。空気はCO2や放射能、更には人間の出す物質欲想念、邪気が、空気を劣化させています。空気の酸素濃度も23％から21％位までに下げてしまい、もうギリギリのところかと思います。そして、こんな酸素濃度の空気の中では、まともな思考になるのは無理かも知れません。酸素濃度を23％位まで上げることが必要だと思います。

悪い人間は一人もいないのです。でも、悪いことをする人は大勢います。それは今の環境と、体内環境のせいだと考えています。肉体、幽体に邪気が入り込み、みんなの心を曇らせているのだと思います。そのために悪想念をつくり出し、悪いことをしてしまうのです。

20年前に知花先生は、これだけ環境を悪くしてしまうと、自然の力では回復不可能で、宇宙エネルギーを持ってくるしかありません。宇宙エネルギーは、全てを調和させる力と、創造の力を持っています。

風大和とは、大調和の風、大調和のエネルギーを創り出し、みんなで活用すると云う意味の名前です。

究極の調和エネルギー放射装置
宇宙の光風（ヒーリングマシン）

創造のメカニズムがまだ未完成の状態での研究開発でした。開発は試行錯誤の連続でした。マシンの一次完成、二次完成、三次完成・・・。一次完成マシンに私は心素直にして、昼も夜も当たりました。体の中が浄化されたような気分になり、新たに次のアイデアが出て、造り直すのです。また、二次完成マシンに昼も夜も当たります。体が楽になったり、瞑想がやりやすくなったりしました。瞑想直後に、次のアイデアが出てきて、造り直します。

それに当たっていると、「なんだ、そうだったのか」と、メカニズムが出て来るような感じで、装置が完成に近づいて来たのでした。未完成でも、その装置に当たっていると、瞑想がどんどん深くなって行くのが分かりました。

たとえば、それまでは光とは不可視の、不可分のエネルギーなんだと云うことを、本当の光は肉眼では見えないものなんだ、不可分とは、とにかく分けることが出来ないものなんだ・・・。それが瞑想が深くなると、内から、見えないものは全て光なんだに変わり、不可分とは、宇宙そのものが光だから、分けることが出来ないのは当たり前だ・・・。

また人間の大脳は宇宙に繋がっている、小脳は、肉体に繋がっている、大脳と小脳は、中脳で繋がっている。そうか、そんなメカニズムなのかと思っていました。ところが、マシンに当たり続けていると変わって来るのです。なーんだ、大脳は宇宙と繋がっている、その大脳と繋がっている小脳も宇宙と繋がっているのは当たり前のことなんだぁ〜。
全てをエネルギー的に観るように変わってくるのです。

宇宙の光風マシンは完成しました

仮説、実験（つくり直し）、結果、気づきの繰り返しで、意識の変化とマシンの進化は、同じようなスピードで完成して行きました。今現在、マシンの心臓部（宇宙の法則）は完成したと思っています。創造のメカニズム、私の意識も、今は自信を持って人さまにお伝えできると思っています。

そのマシン右ともえの宇宙の光風は、宇宙法則の父と母と息子の関係
更に、分子の原子、電子、中性子と全く同じエネルギー、調和のエネルギー

を放射し続けていると思っています。

風大和研究所では、このエネルギーを光エネルギーと呼ぶことにしました。光とは、超伝導で一瞬で広がり、鉛をも通過する調和のエネルギーで、毒性を瞬時に和らげる力を持っています。

21世紀はセラミックの時代

人類は、今、永い永い物質文明が終わり、地球上に初めて肉眼では見えないエネルギー文明が始まりつつあります。

20年前、知花先生はよく言っていました。「19世紀は鉄の時代、20世紀はプラスチックの時代、21世紀はセラミックの時代」だと。鉄とプラスチックの時代は、実際に経験しているので、誰もが納得でした。でも、21世紀はエネルギー文明、目に見えない文明に向かっているのに、なぜセラミックなのか?、当時は理解できませんでした。

実際にやり始め、実験を続けるうちに答えが出て来ました。

電気炉の設置

袋井工場に電気炉が設置されました。「電気炉さん、よく風大和へ来てくれましたね」。みんなで愛撫する感じで撫でてあげました。

大型の『宇宙の光風』ヒーリングマシンを作り、マシンの光風を電気炉の中心部に当たるようにしたら、電気炉自体がエネルギーの発生装置みたいになってしまいました。

電気炉に命名しました

名前は翁正宗（おきな　まさむね）、翁は大きな心、大きな器として存在感を持たせる思いです。

正宗とは、昔、刀鍛冶で有名な正宗と村正の２人は自分のつくる刀に、魂を入れてつくります。正宗のつくった刀は、名刀正宗。その刀を持つだけで心が研ぎ澄まされます。村正のつくった刀は、誰にも負けないぞと云う強い思いが入り、その刀、妖刀村正を持つと人を斬りたくなってしまうエネルギーでした。

三人のスタッフ

セラミックを造ろうと思ったのは４年ほど前でした。堀井さんとは４年前から親しく付き合いが始まり、今は社員です。電気、磁気、半導体に明るく私の開発のパートナー的存在です。強力なボランティアの向川さんは、4年前から焼きもの造りに取り組んでいます。あと一人は風天です。

2人とも、私がセラミックを造ろうと思った頃から勝手に準備に入ってくれました。3人は運命の出会いのように思っています。

もの造り、特に火や熱や高波動のエネルギーを使ったときには、造る人の思い、想念がしっかり入ります。調和、NとSのバランスのとれた想念でつくり上げた正宗は、見るだけで、近づくだけで心が澄まされる名刀になります。それに対して村正は、勝ち負けの戦い、争いの想念、NとSのバランスが崩れたエネルギーが入り、妖刀になってしまったのだと思います。

スタッフがセラミックをつくるとき、いつもそばで見せてもらっていました。粘土を計りながら配合して、ミネラル水を入れて練るのですが、無心状態でやっているスタッフが、何か輝いて見えるのです。

そんな意識状態ですると魂らしきエネルギーが入って行くのがよく分かります。何回か立ち会っているうちに、私は手も、口も出しませんが、意識で一緒にしている思いになりました。

スタッフや私から出る意識波動（N、S）が、粘土に入って行くのがよくわかるんです。そのとき、あっ、そうか、粘土に入ったミネラルの波動やスタッフの意識波動（N、S）や、マシンから出る調和のN、Sが焼かれてセラミック化することで、安定して働き続けることが出来るのだと・・・そうか、知花先生の云う、エネルギー文明にセラミックが欠かせないことが良く分かりました。

たとえば、私が愛の想念（N、S）を入れる方法は、心静かにして完全調和、完全バランスとして、N、Sが働くことを軽く想念するのです。

私の想念やマシンから出るN、Sを粘土に入れることができるのです。光のN、Sを入れたら光のN、Sを放射するセラミックができるのです。セラミックはどんなエネルギーN、Sをも放射する媒体として働いてくれるのです。それで知花先生は21世紀はセラミックの時代だと言っていたのです。

146種のミネラルパワー

1年前に地球環境蘇生化実践協会の河千田健郎さんと再会しました。河千田さんとは20年前から地球環境のボランティアのことで、親しくお付き合させて頂いておりました。

エレン機能水と云うセラミックガラス、セラガラスを開発、製造して環境問題などに使っている企業です。セラガラスは鉱物（ミネラル）です。鉱物とは、宇宙エネルギーが長い時間をかけて分子をつくり、その分子の組み合わせで、それぞれ働きを持ったミネラルのことです。

宇宙エネルギーを天のエネルギーと云い、一旦、物質化されたエネルギーのことを地のエネルギーと云います。

河千田さん曰く、「風大和さんの宇宙の光風（マシン）の天のエネルギーと、セラガラスの地のエネルギーを合体させたら、もっと、もっと、世の中の役に立つエネルギーになりませんか・・・」力を合わせ、世の中のお役に立てればと、お付き合いを始めました。

セラガラス（機能水と云う商品名）の酸化還元力は、とにかくすごい還元力を持ったミネラルです。そのミネラルパウダーと、珪素、リモナイト、酸化チタンパウダーを混ぜたり、そのパウダーにマシンの天のエネルギーや、意識エネルギーを加え、セラミック造りをしています。

第六章　毎日の生活に光エネルギーを使う

光エネルギーを使う

大いなる存在も、宇宙エネルギーも、光エネルギーも、愛も、慈悲も、同じエネルギーで、波動で、光なんです。これらは目には見えない不可視の、不可分の光と云った方がスッキリするので、光エネルギーと呼ぶことにしました。

光エネルギーは、超伝導で鉛を通り抜ける（当社では1㎝の厚さまでしか実験していませんが）、一瞬で働く、調和（陰と陽のバランス）のエネルギーです。

風大和研究所では、「共存共栄のための新価値を創造する」を経営理念にかかげて、研究開発をしてきましたが、正に光エネルギーが新価値としてふさわしいエネルギーだと思っています。この光エネルギーはあらゆる分野で、みなさんの毎日の生活にお役に立つと思います。

光エネルギーは今の世の中、災害、病気、公害、化学物質、薬づけ、老人大国、介護問題などで、暗くなりがちな毎日の中で、大きく働いてくれると思います。すこしでも心に希望の光が湧いてくれたらといつも思っています。

白い風シリーズ

この光エネルギーを使った商品を、いっぱい開発しています。それらの商品を、白い風シリーズと名付けることにしました。

白い風とはイメージとして清潔、どんな使い方をしても、絶対に害がない、なんとなく美しい、きれいな感じ、見えないけど自分の身近に存在している、そんな風に思って下さい。

白い風　セラミック

酸化しない油をつくる　酸化還元セラミック

人間の体は70％が水分で、脳みその70％は油だと云われています。油はエネルギーが高いため、働くとすぐに酸化、劣化してしまいます。今、宇宙空間で人と衛星とつながって作業しているロボットの潤滑油（オイル）は、全てクジラの脳みそからとった油を使っているのだそうです。

人間の脳みそも、たぶんそれ以上に強力な油だと思うのですが、最近は、その強力な油（脳みそ）でさえも、毎日の化学物質づけで、どうも酸化して来たのではないかと云う人もいます。

酸化しない食用油

30年ほど前、成人病の原因は酸化した油を体内に入れることだと云われていました。私は25年前から、何とか油の酸化を止めることはできないものかと、取り組んできました。

そして微弱放射能を出す、あるセラミックに出会いました。それは、カツレン石とフェルグソン石、＋イオンと－イオン、大イオン、小イオンをバランス良く出す石で、ある大手のレストランチェーンの研究所で実験してもらって、酸化防止の効果があったのですが、経費との関係で成功しませんでした。

それからも、ず～っと、油に関しては研究を続けてきたのですが、ついにと云う感じです。初めの頃は、宇宙の光風のエネルギーの入った空気をコンプレッサーで圧力をかけ、その空気をチタンタンクの中に入れた油にブクブクするのです。水分でもない、油でもない、白い煙が（ガス？）が出るのです。24時間以上の時間をかけて造っていました。この油を、２００℃で10回ほど使って、残り油を酸化の分析に出しました。分析の結果、酸化の検出限界である0.1未満であり、全く酸化していないという数字が出ました。

オメガ3が熱で減らない

サラダ油（大豆油やなたね油）には、最初からオメガ3が7％位入っています。熱を加えると酸化して、毒性に変化してしまう（トランス脂肪酸）ので、体を悪くしてしまいます。サラダ油は名前の通り、生で食べる油です。

そんなことを知らず初めの頃は、サラダ油のメーカーに電話して、サラダ油の中に体に良いオメガ3が入っているのになぜ、そんなすごいオメガ3を表示しないのですか？・・・と聞いたら、サラダ油は生で食べるものなのですが、消費者も販売する人もみんな、天ぷらや炒め油など熱を加えて調理しているので、表示していないとのことでした。（法的な表示義務はありません）

青魚、サバやサンマなどには、オメガ3が5％ほど入っていて、魚関係ではオメガ3の良さ、効果をしっかりうたっているんですね。

さて、風大和でつくった酸化しない油を分析に出したら、２００℃の熱で10回天ぷらを揚げた油でも、オメガ3がそのまま検出されたのでした。オメガ3が熱を加えても変化せずに、最後まで働き続けているんだと思います。

ついに、やったぜ！・・・と云う感じです。

試験成績証明書

No.SCA01137 01 号 01

2018 年 06月 11日

依頼者

風大和研究所 株式会社 殿

一般財団法人 **食品環境検査協会**
清水事業所
〒 424-0922 静岡市清水区日の出町1-39

品名 スポーツオイル２００℃１０回加熱後

記

試験結果

試験項目	試験結果	検出限界	試験方法	脚注
酸価（AV）	0.1 未満	0.1	基準油脂分析試験法による	
《脂肪酸》				
n-3系多価不飽和脂肪酸	8.51 g/100g	0.01 g/100g	ｶﾞｽｸﾛﾏﾄｸﾞﾗﾌ法	※1

脚 注
※1 C18：3n-3, C18：4n-3, C20：4n-3, C20:5n-3, C22:5n-3, C22:6n-3の総和として算出

そのエネルギーをセラミック化

酸化させないエネルギーを、セラミックに入れることができました。でも、天ぷらの味がイマイチでした。時間がたつとカリッとした感じもなくなり、ベタベタしてきました。

そこで、カリッとするミネラルと、おいしくするミネラルをセラミック化して、３種類のセラミックで、ほぼ完全と云って良いほどのセラミックセットが完成したのです。

美白オイルの精

食べるソフト還元オイルと美白オイルの精を商品化して、販売を始めました。一度使った人は、ほとんどの人が、愛用して使い続けられています。

美白オイルの精は、お肌がきれいになると口コミで広がりました。肌に塗ると、スーッと入ってしみ込んで、その速さにビックリです。またその油を髪につけた人から、「髪の毛が黒くなった」と体験談があり、髪の元につけている人も大勢います。

スポーツオイル

開発のきっかけは、顔に美白オイルの精を塗った残りの油を、ヒジにつけてすり込んだら、ヒジの痛みが和らいだことから始まりました。運動した後の筋肉に塗り、マッサージしたら筋肉痛が消えてしまったのです。もしかしたらと思いついたのが、スポーツオイルです。

エネルギーを入れたサラダ油に、１４６種のナノ化ミネラルを少しだけ加えたオイルです。私、風天が手に持っただけでも、手からエネルギーが伝わってくるのが分かります。

バレーボールの元・実業団リーグで活躍していた人（Sさん）と知り合いだったので、その油を試してもらいました。高速道路のパーキングエリアで待ち合わせしました。

Sさんからは前もって話を聞いていました。ケガで、少し早めに選手生活を辞めたのだそうです。今は、バレーボール選手のトレーナーをしながら、子供たちにバレーボールのコーチとして、ほぼ毎日、指導しているとのことです。

そのために、一日に何百本もサーブを打っているので、風呂に入りながら肩や腕を自分でゆっくりマッサージし、それでも疲れが痛みに変わり、4～5年位で、手術をしなければならないことが起こるのだそうです。そして自分でも、もうそろそろ手術も考えなければダメかなぁと思っていたのだそうです。

スポーツオイルを試してもらうのに最高の条件が用意されていました。私は300ML入ったスポーツオイルを手渡しました。Sさんは、それを握りしめながら、「何だか、エネルギーがありますね」と。早速、腕まくりをしてテストが始まりました。

ほんの少し手にたらし、腕の一部分にすり込みます。私は、「もっといっぱい、ガバッとつけたらどうですか」と聞くと、「筋肉が細かく分かれていて、その部分、部分の痛みのチェックをしている」のだそうです。手を曲げたり、ひねったりして確認しています。

「これはすごいよ、痛みが全部とれて来ています！」


親指と人差し指の２本でイスを持ち上げ、腕をひねったりして・・・

「全部痛みが消えているよ！」

真剣な顔と笑顔が、代わるがわるに出てきます。

「これはすごい！　これはすごい！」

何回も、同じ言葉が出てきます。

プロスポーツとは、痛みとの戦いなんですよ、筋肉の限界まで鍛えて行くのです。限界とは痛みのことなんです。プロスポーツは、正に痛みとの戦いなんですよ。バレーボールや野球のピッチャーなどは、肩と腕が、「どこまで持つか」くらいの練習をして、本番の試合でも限界に挑戦しているんです。だから、松坂投手やダルビッシュ投手は肩やひじの痛みをなくす手術をしているのでした。でも、手術は選手生命を短くするんですよ。

もしこのスポーツオイルが、筋肉の疲れや痛みを和らげることが出来たら、とんでもないものになりますよ。今の私の感じでは、私はたぶん、手術なしで今の仕事を続けて行けそうな気がしています。

この夢のようなスポーツオイルは、ごく一部の素人に使われているだけです。人に話しても、誰も信用しないのです。人に話したら、笑われるだけですから・・・

私は1年以上、この夢のようなスポーツオイルを、更にもっと良いオイルにしようと研究していますが、実は他の研究開発や実験がいそがしいために、スポーツオイルにはかまっていられないのが実情でした。

私の友人の中では、オリンピックまでに間に合うように、そうしたら日本の選手団は、メダルラッシュになると、私をはやし立てるのです。

このオイルを実際に使用して毎日の働きぶりや筋肉の回復具合を調べてもらいました。風大和の社員でトライアスロンの世界選手権に出場したことがあるスポーツマンに体感してもらいました。その時の体験記録です。

2018年4月10日

「久しぶりのバイクだからなぁ〜」「どれぐらいの脚力や心肺機能に落ち込んでいるか分かってないから、厳密な体験談は書けないかもしれんなぁ、、」などと、思うのが半分。もう一方では、27年もやってきたし、何度も休戦している中でも身体を再度作り上げてきたから、これぐらいの力の入れ方で、いつもの自分のホームグラウンドの周回コースを走り、スピードと心拍数を計りながら乗れば、だいたいの筋肉の疲れ具合いや後の筋肉痛が、どう出るか？　も想像がつくんじゃない？　って思うのが半分。

とにかく、せっかく静岡から地元に帰ってきた週末に、乗り慣れたコースを約2時間強、45キロくらい乗りました。今回の目的は、ライド後の筋肉痛の出方。だから、ライド前に塗らずに、練習後に塗ってみました。違いを確かめるために、筋肉痛が出やすい両足、お尻、腰、を中心にともエレン水だ

け の部位、油だけの部位、何も塗らない部位、ともエレン水＋油の部位と4パターンを作って比較してみることにしました。

練習後、お昼ごはんを食べて眠くなってくると、敢えて仮眠を取った方が筋肉痛の具合いがハッキリ出てくるので、寝てみました。

ともエレン水だけの部位は、塗った直後のスーーっと抜ける感じは勝るものの数時間後の抜け方は油には負ける感じで、特に奥というか深部の抜け方が違うようです。

でも、直後のスプレーは、やっぱりスゴイ！スーーと抜けるんですよね〜油だけの部位は、想像通り中の方まで取れていて、運動したことをあまり感じさせない位の回復です。翌日もそのまま抜けているので、やっぱり、本物というか、うそだろ〜という感じですね。

何も塗らない部位は、当然ですが筋肉痛が出ています。

これも、やっぱりといった感じで全然運動していなかった筋肉が突然、無理に刺激を受けた時の独特な鈍痛が中の方にあります。

まあこれが普通なんです。

そして、ともエレン水＋油のパターン…

これは、正直いずれアスリートの定番ボディケアになって欲しいと思いますね。

直後にスプレーして、スーっとさせておいて、抜けている感じがありつつ、油を塗りこんで数時間経つと、もう運動したのか？　というくらいの感覚になっていました。

何もしていない部位と比べると、全く違います。背中などの手が届きにくい部位は、塗ってなかったので翌々日の今日も、まだ動き始めに痛みというか鈍痛というか違和感が残っています。

ところが、足の方は、ほぼ何も感じないくらいに回復しています。

今回は、運動後だけ使ったのですが、運動前のスプレーと運動中も疲れを感じてきたら、スプレー、そして運動後のケアをすると、きっと短期間に筋肉が破壊↓修復↓超回復をするサイクルが早くなって、どんどん能力がつくのではないか？　という期待が湧いてきます。

※ともエレン水は風大和で出しているスポーツ水のことです。

魔法のようなセラミック棒

風大和では特性セラミックとして、3㎜球のセラミックを常備品として製造しています。他社にない、オンリーワンとしての特性は、・・・このセラミックのエネルギーは、水造りや空間の邪気を消す環境浄化、野菜洗いなどで農薬の毒性を消したり和らげる働きをする、調和のエネルギーを放射するセラミックです。

そのセラミックを詰めた直径1.5㎝、長さ15㎝の樹脂の丸い筒に無数の穴を開けたスティック状の棒です。各家庭で飲料水をおいしくしたり、野菜洗いに、また、風呂に使うとお湯がやわらかく、温泉みたいになるのです。

足と靴の調整セラミック

そのセラミック棒をクツに各1本ずつ入れておきます。自分のクツであれば、どんなクツ、きゅうくつで足が痛いとか、大きすぎて脱げやすく歩きにくいなど、また、指先や土ふまず、かかとのバランスが悪く、なんとなく履き心地が悪いクツが、ピッタリと足に合うんです。

このセラミックを100人が使ったら、100人が、「あれっ?! と分かります。100人が100人とも感じるのは、あまりにも出来すぎですが、でも現実に全員が感じるのだから・・・。

何となく理由が分かりました。足の裏は鈍感のようですが、足の裏には体の全神経が集まっていると云われています。その神経が微妙なエネルギーをしっかり感じているんです。そのため100％の人が感じることが出来るんだと思います。

その棒状のセラミックから出る、調和の光エネルギーがクツの細胞内に入って行き、細胞をつくっている分子（原子＋、電子－、中性子＋－）を活性化させて、細胞が動くのだと思っています。

調和のエネルギーは、何でも調和の方向へ持って行くエネルギーです。そのため、足とクツを調整するのだと思います。（もっと具体的メカニズムは後でお話しします）

先日、10月19日、ある学会が主催する講演会にブース出展して、みなさんに体験して頂きました。クツを脱いでもらい、セラミックスティック棒をクツの奥に入れます。

待つこと1分〜3分位、・・・さあ、履いて下さい。

それぞれが、

「あっ、クツが履きやすくなっている」

「あれ、足が痛くない」

歩いてみて下さい・・・。

「あれ、クツが足にピッタリすいついている」

これが、光エネルギーなのですよ。最近、外反母趾や浮き指で困っている方が増えています。

ぜひ、お試しください。

3カ月位の間に足の魚の目が消えた。

浮き指で変形していた指が、少しずつ良くなってきている。

好きで買ったクツが、3年ぶりに履けるようになった。

このように、はずれのない、すべらない結果が出るのです。

自信を持ってお客さまに云えるのは、楽しいものですね。試してガッテンです。

ナノ化ミネラルパウダー水溶液

１４６種のミネラル、珪素、酸化チタンや電気石のパウダーを、それぞれナノ化します。ドイツ製の物理的な方法です。地球の自転、公転の原理で小さく自転して、すこし大きく公転しています。中心に直径15㎝位のおわん形の器の容器にフタがついています。

その容器の中に、ミネラルパウダーと水と、ジルコニアと云うダイヤモンドと同じ硬さのセラミック丸い粒（0.1、0.2、0.5㎜）を入れ、ジルコニアの粒をぶつけあってナノ化して行くのです。その水に溶けているナノ化ミネラルを水溶液として使うので、更にその水分を飛ばして粒状のナノ化ミネラルとして使います。

今まで0.2ミリのジルコニアを使っていたのですが、もっと細かくナノ化するために0.1ミリのジルコニアを注文したら、メーカーから電話が来て、

「私どもの販売先では、今までどこも使ったことがないのですが、大丈夫ですか？」

「大丈夫です。当社では特殊なエネルギーを入れて使っているので、まず大丈夫です。お願いします」

その0.1ミリを使ったら、エネルギーがド～ンと何倍も上がったのです。つくった水溶液の中には、ミネラルの働きと光エネルギーの働きが入っているのです。


その水溶液をていねいに入れ込んだり、塗ったりします。まず、インソールとランチョンマットとヨガマットを、市販のものを買ってきて、テスト開始です。水溶液は今まで他のものを使って効果は確認済みだったので、全て大成功でした。

インソール

東京、大阪、福岡で毎月、風天教室と云う名称で勉強会を開いています。その会場で、みなさんに試してもらいました。

まず、インソール・・スリッパを用意して、そのスリッパの中にインソールを敷きます。さあ、はいて下さい。

はいた瞬間、

「あら、気持ちいい暖かさ」

1分もかからず全員が「暖かいわ」や「気持ちいいわ」

中には、4~5分はいていたら、ヒザが暖かくなって痛みが取れた、その人、その5分後位に今度は、腰まで暖かくなり、腰の痛みがなくなってきたと、腰を回して痛みを探していました。

50人くらい、全員に体感してもらいましたが、司会者が「まだ体験していない方いらっしゃいますか？　みなさん全員が体験しましたね。では、もしよろしければ感想をお聞かせ下さい」と。

ハイ、と手を上げて、「これ、いつから売ってくれるのですか？　すぐ欲しいのですが」から始まって、次から次へと体験の感想を話してくれるんです。風天教室は10年以上続けていますが、こんなにみんなが手を上げて話してくれるのは初めてです。

私、風天は、これはただの暖かさではなく、今まで自分で縛っていた心が開放されているなあ～と思いました。その後、やはり肉体だけでなく、精神的にも変化があることが分かりました。光エネルギーですから、肉体的にも精神的にも、とにかく変化が速いのです。

ランチョンマット

　市販のランチョンマットを買ってきて、裏表に水溶液を塗布します。塩ビのようなものが多く、水分をはじくので、何回も何回もハケですり込んで仕上げます。

　これが光エネルギーだぞ！・・・と云う現象を見せてくれます。先日のある学会でのブース出展で、ランチョンマットを一番前面に置いて、お客さんとのやりとりです。

風天「ねえ、お姉さん、そのメガネをここに一瞬のせてみてくれませんか。一瞬でいいですから」

お客さん「これ何ですか？」

風天「魔法のマットです」
お客さんが、恐る恐る？メガネをマットにのせます。
風天「はい、瞬時でＯＫ　ですよ。さあ、メガネをかけてみてください」
お客さん「あれ～、良く見える。あれ～」
その様子を見ていた、周りのお客さんがメガネをのせます。
全員が、
「あれ～、本当だ、明るく見える」
「なぜ～、なぜ～？」
「友だちにも見せてやろう」と。
補聴器をかけているおじさんに、
風天「その補聴器もマットにのせてみてください」

おじさん「これどうなるのですか？」
風天「よく聴こえるようになりますよ」
おじさん「補聴器がなくて、何も聴こえません」
風天「ゴメン、ゴメン、はいどうぞ」
おじさん「音が大きく聴こえる」
風天「雑音がなくなって、スッキリ聴こえるでしょ」
おじさんボリュームを下げて「ほんと、ハッキリ聴こえますね」
風天「今日は、テスト販売で一枚千円です」
おじさん「じゃあ一枚ください」

講演の休み時間に、仲間を連れて来て人だかりが出来るのです。コーヒーを買って来て、メガネをかけてない人に、一瞬置いて下さい、おいしいコーヒーになりますよ。インスタントが挽いたコーヒーのように変わります。口紅やハンカチをのせてみてください。口紅は、化学物質のものは香りはうすくなります。天然素材は、香りがやわらかく広がります。ハンカチは軽いソフトなさわり心地になります。

この光エネルギーは、調和の超伝導の世界です。全て良い方向に、瞬時に変化するのです。

私どものブースだけがにぎわって、他のブースに申し訳ないと思っています。終わり頃には、他のブースの人が、メガネやスマホをのせて遊んでくれました。スマホは電磁波の害がなくなり、画面の動きがすごく速くなります。

メカニズムとしては、このマットのナノ化エネルギーミネラルが放射され、メガネやコーヒーの分子に力を与え、分子と分子が整列化するのです。分子が整列すると分子間から光がでるのです。

癒やしの電磁波パワーコードあいせん

市販の延長コードに、宇宙の光風（マシン）」のエネルギーを当てるのです。まず、マシンの中心部から出る光エネルギー（空気）を、コンプレッサーで圧力をかけ、エアーＢＯＸ（アイスＢＯＸの大きいサイズ）の中に吹き込みます。その中へ、12時間位、時間をかけてエネルギーを注入します。次に、マシンの光を直接、コードを回転させながら12時間位当て続けて仕上げています。

仮説メカニズムとしては、銅線内の分子配列が盤列するのだと思っています。結果（効果）として、テレビの画面をはっきりさせます。パソコンの動きが早くなります。ドライヤーの風で髪の毛がしっとりとしてつやが出ます。電気毛布や電気カーペットの熱が柔らかく、朝まで気持ち良くぐっすり眠れます。体のだるさなどは一切ありません。

また、ハロゲンランプのストーブで実験しました。一台は普通のコード、一台はパワーコードあいせんで比較しました。

ハロゲンランプからどの位の距離まで温かさが届くかのテスト。手の平で温かさを感じる距離が、普通のコードは5ｍ位、パワーコードは20ｍ位でした。更に、エネルギーの敏感な人の場合は30ｍまで届いていました。

次に、ハロゲンランプの前に人が立ち、その後ろで熱を感じるかのテスト。普通のコードは、人がいるとその後ろでは全く熱を感じません。パワーコードは、人が前に立っていても温かいのです。その後、鉛の板を置いてテストしたら、パワーコードは、それでも温かさを感じるのでした。

電子レンジで美味しさのテスト。普通のコードは、美味しさが無くなってしま います。パワーコードを使用した時は、今まで以上に美味しくなるのです。

音響テスト。ある展示会で、当社の近くのブースで、某メーカーがステレオの 音の響きを実演していました。閉会になった時間、私がお願いして、そのメーカーのステレオに、パワーコードをつないで鳴らしてもらいました。そこの担当者も「これは凄いねー!!」

私は、そのステレオを一台購入し、会社で何回も何回 も音響テストをして大きな違いを確認しました。

最後に、今まで体に悪い電磁波が、癒しの電磁波に変わることも確認しています。

　そのパワーコードあいせんに、今回開発したナノ化ミネラル水溶液を外側から塗布することで、更に大きい効果が出ています。パソコンの動きが、更に速くなるのです。

第七章　宇宙は精妙な磁気だった

慈悲とは磁気のことだった

私は、ある時から宇宙とは一つの磁気だと思うようになりました。

その根拠は、イエスは、宇宙は父と母の大バランス、愛だと言っています。釈迦は、宇宙は慈悲だと言っています。知花先生は、愛とは電気と呼んでもかまいません。どちらも陰と陽（－・＋）の調和のエネルギーのことなんですよ。更に、知花先生はある講話で、慈悲とは磁気のことなんですよ。磁気（N・S、＋・－）のバランスで出来ているのです。

私は、知花先生のある講話、想念波動という話の中で「想念とは脳でしているのではなく､心で想念しているのです。脳に考える力は一切ありません。脳は、認識する働きなのです。想念波動が放射されて、放射先で働く…」というのですが、具体的にどの様にして働くのだろうと思っていた時に、もしかしたら想念するると放射されるのは磁気のN・Sであり、N・Sが飛んで行く時に波が起きる。それが想念波動と云うものかと思ったのです。

この世のコンピューターも電気を使って動くのですが、電気のあるところには、必ず磁気があるのです。電界・磁界、電気・磁気、電場・磁場という様に、電気の裏側は磁気なのです。今、私達が使っているキャッシュカード、交通パスカード、クレジットカード、全て磁気でコンピューターと繋がって、計算、記憶の働きをしているのです。

地球も、北極はN・+です。南極はS・−です。北極のNから磁気が放射されて、地球の周囲を通って南極のSに流れています。そのエネルギーは、南極・Sから地球の内側を通り北極・Nに流れて行っているのです。そしてまた、北極からはN・+、南極からはS・−が放射されているのです。NとSのバランスが取れた所を0磁場と呼び、エネルギーの有るところなのです。

宇宙は一つの慈悲体、つまり磁気体なのだと思います。地球も一つの磁気体で、人間も一つの磁気体、見えない空エネルギーの世界も、見える物質の世界も全て、一つの磁気体なのだと思います。

磁気は、肉眼では見えませんが、磁気の強さを見るフィルムがあります。2本の磁石のNとSを近づけ、その上からそのフィルムで見ると、NとSを近づけた部分だけ白く見えるのです。他は黒く見えるのです。この白く見える部分が、心の目で見ると光として見えるのだろうと思います。

宇宙は一つの慈悲体（磁気体）とは、宇宙は一つの光体と云うことなのだと思います。宇宙は全て一つの光体（陽と陰のバランス）を磁気体（NとSのバランス）と捉えると、全てのつじつまが合うのです。

全ては、一つの光一元世界である。全てが、不可視の不可分の光（N・Sのバランス）である。

その光一元の世界の中に、暗闇という存在があるのです。物事を暗く考える、悩み（な闇・なやみ）、病み（やみ）などは実在せず、光の不在のことを云うのです。

光の不在とは、N・＋とS・－のバランスの崩れた状態、Nが小さくて、Sが大きいアンバランスです。Nは陽でエネルギー、Sは陰で物質のことです。エネルギーと質量のバランスの取れていない想念を出すと、それが暗闇界、光の不在になるのです。

私達が、恨み・ねたみ・ひがみ・嫉妬の物質欲の意識状態で想念すると、エネルギー（陽・N）が小さくて、物質（陰・S）が大きいアンバランス状態になり、悩みや苦しみ、病気を創り出すのです。

解決方法は、自分は神（愛）の存在なのだと意識して完全を想念すると、光の不在（暗闇）が光の存在になり元に戻るのです。

第八章　健康と病気

風天の宇宙観

宇宙をどの様に思うかを、宇宙観と云えます。今、私の宇宙観は、NとSとNSの三つ巴の磁気であると思っています。

宇宙は、初めから父なるNと、母なるSと、息子NSの組み合わせです。分子の原子はN・＋で、電子はS・－で、中性子はNS・＋－の組み合わせです。

目に見えない宇宙も、目に見える物質の一番最小サイズの分子も、全てはNとSとNSの働きです。NとSの完全調和、バランスされた状態が健康で、全体かもしくは一部分でバランスの崩れたNとS、Nが小さくてSが大きく働いている時が病気なのです。

病気、不幸、苦しい、痛い、疲れなどは全て、NとSのアンバランスが起きているのだと思います。

物質も全てN・S・NSの組み合わせです

自然のものは、NとSのバランスが取れているのだと思います。

物が腐るのは、中のエネルギーが少なくなってくるためだと思います。化学物質などが毒性を出すのは、全てNとSのアンバランス、Nが小さくてSが大きいのだと思います。

NとSの偏り、アンバランスを調和させる

NとSのバランスが取れていると、不可視の光を出しているのです。偏っていると、光の不在、暗闇になるのです。NとSのバランスを取れば良いのです。どの様にしてバランスさせれば良いのか、いい方法があったのです。

物質そのものは固有振動数を持っています。振動数とは、物質の組み合わせであるNとSとNSの関係で振動している状態です。それらの振動数よりも、より精妙な振動数（N・S・NS）を当てるのです。バランスの取れた細かい振動が入ってゆくと、全ての偏ったN・Sの振動数が修正されて、N・Sから光が出るのです。

精妙で不可視の光の振動

ヒーリングマシン「宇宙の光風」や超ナノ化ミネラルから、鉛をも通過する不可視の光エネルギー（N・S）が出ているのです。

それを体に浴びると、体内の不調和、NとSの偏りが無くなり、元の状態に戻って来るのです。元に戻ることを元気になったと云うのです。元に戻す、それをリハビリと思っています。

老化も病気も疲れも、全てはＮ・Ｓの偏りか、Ｎ・Ｓの振動数の粗雑が原因だと思うようになりました。

「そうか、どんな病気、具合が悪い、疲れる、動けないのも、リハビリすれば元に戻るのだ・・・！」

ランチョンマットとインソール

前に述べましたが、ランチョンマットの上に、化学物質の入った食べ物や化粧品などを置くと瞬時に変化するのは、毒性・偏ったＮとＳをバランスさせる不可視の光（Ｎ・Ｓ）が働いているのだと思っています。

具体的な健康メカニズム

ナノ化ミネラルパウダーを塗ったインソールの上に足を乗せます。ナノ化ミネラルパウダーは、超精妙なNとSのバランスの取れた振動を放射しているのだと思います。

足の裏には、全神経が集まっていると云われています。神経とは、酸素の倉庫とも云われていますが、地球上では光エネルギーが酸素という名前で働いているのだと思います。酸素も光エネルギーだとしたら、それは完全なNとSのバランスしたエネルギーになります。

光エネルギーが神経を通して脳に伝わり、脳というコンピューター（脳もNとS）の脳幹が肉体に指示を出し、肉体の内部で自己治癒力を出すのだと思います。自己治癒力とは、NとSのバランスを取る事だと思っています。

初めに、足の裏が温かくなり、膝に行き膝が温かくなります。それから腰が温かくなります。

腰の仙骨の下あたりに、左右に分かれて蛇がとぐろを巻きながら首のあたりまで来ている経絡があるのだそうです。ヨガの修行者が、一番下のチャクラを開く行として、1m位の高さから地面に体を落として物理的にチャクラを開くことをやっているのだそうです。左右のとぐろは、たぶん右が熱を作る働き、左が熱を冷ます働きで、左右のとぐろで温度調整をしているのだそうです。尻を地面にぶつけた時にとぐろを壊してしまい、右（熱）の方を壊すと、その人はあっという間に氷漬けになってしまうのだそうです。左（冷す）のとぐろを壊すと、体が焼け爛れて死んでゆくのだそうです。この話は事実で、多くのヨガ修行者が命を落としているのだそうです。

足の裏から膝、更に腰に伝わった光（NとS）エネルギーが、とぐろ・経絡を活性化して、バランスした体温を体中に届けているのだろうと思っています。だから、体中が温かくなるのだと思います。

全ての臓器、歯の噛み合わせ、細胞は、バランスしたNとSで光に戻り、健康な状態になるのだと思います。体の全体も一部分も全て、調和のNとSで健康になるのが当たり前なのだと思います。

2000年前のイエスの言葉

イエスは「病気とは、無知の結果である。不調和の結果である。」と言っています。

無知とは、今ここに書いたN・Sの仕組みを知らなかったからだと思います。不調和とは、NとSのバランスを崩したことを云っているのだと思います。物質は陰なのです。物質的欲望を持った意識で想念すると、Nが小さくて、Sが大きいアンバランスの闇・光の不在が、病気、苦しみなのです。

ここに書いたNとSの調和・不調和の仮説は、エビデンスはありませんが、私はエビデンスよりも結果そのものが、揺るぎない証拠と位置づけています。

宇宙の光風（マシン）

宇宙の完全調和・完全バランスのエネルギーの仕組みが、三つ巴の超電導の永久運動で、更に、右回転・放射と左回転・吸引の働きを同時にやっている、時間も空間も超越した久遠エネルギー、それが宇宙エネルギーの正体でした。

実は、私達の命も御霊も意識も想念も心も全て、同じエネルギーでした。今、肉体をつくり出しているエネルギーも同じ存在でした。

一つの宇宙エネルギーが、色々の働きをしているだけでした。その働く方向を決めるのが、意識であり想念なのです。意識も想念も全て、NとSとN

Sの組み合わせで、全智全能の働きが可能だと思っています。
これらを理解して、想念を使い、完成したのが「宇宙の光風（マシン）」なのです。

マシンは光エネルギーを放射しています

マシンの光を、頭や体に浴びることで、体内の邪気が取れ、固定観念（物質観念）がゆるみ、潜在意識・潜在能力が動き出すのです。

潜在意識とは、初めから持っている神意識のことです。潜在能力も同じ意味で、あなた個人としての能力ではなく、宇宙全体の能力のことです。智恵として、やる気として、勇気・度胸として、光エネルギーとして働くのです。このマシンの光を、30分～60分位浴びると、誰でもが顔が変わります。必ず変わります。目が大きくなったり、顔の左右のゆがみが無くなり、角の取れた優しい顔になります。

先日、ある学会の講演で、帯津良一医学博士の話を聞きました。帯津先生は、若い頃から太極拳をやっているのだそうです。太極拳を形よりも心に重きを持ってやっている人は、格好はあまり良くないけれど、顔は全員が本当に良い顔になっていると言っていました。肉体と精神のバランスが、顔の調和として表れるようです。

このマシンの光を浴びると、誰でもが優しさが光輝くような顔になるのです。多分、顔からオーラも出ていて、一層、良い顔になるのです。別の表現をすると、肉体と幽体と心のリハビリをやっている様なものだと思います。

潜在意識が動き出す

このマシンの光を浴びることで、潜在意識が動き出すのです。

ここで云う潜在意識とは、巷でやっている能力開発セミナーや潜在意識開発関係とはレベルが違います。何故、私が自信を持って言えるかというと、私も多くの能力開発セミナーに、お金をいっぱい使った経験があるからです。

一言でいうと、次元が違います。潜在意識は、神の智恵・能力が出てくるのです。もちろん、顕在意識を使った想念のやり方も大きく影響します。

第九章　マシンの体験談とこれからの希望

葬式を考えていた父親が元気になった　岡山県友次恵子さん

岡山から来た友次です。宜しくお願いします。

私の父は今年の3月に肺がんのステージ1で手術をして、右肺の上部だから、お医者さんはちょっと切るだけだから、普通に歩けるし、体力も落ちないし、84歳でも普通に歩いているから全然大丈夫よとか言って、でも風天さんの話は良くわかっていたので、断ったんですよ、一回目はハッキリと。手術する意思はないのでしませんと。

そしたらお医者さんに強引に呼吸器科から外科に回されてしまって、外科医は「日程はいつにしましょうか」とどんどんスケジュールを入れていって。「先生、私、断るためにここに来ているんで、スケジュールは入れる必要はありません」と言っているのに、どんどん、どんどんスケジュールが決まって、ここで入院して、ここで薬を・・・、ここで切ろうかみたいな断れない状況に追い込まれて、手術すれば楽になるよとか言われて、しょうがないから家族みんなで、切ろうかになり、切ったら体力がドーンと落ちて、下手したら来月お葬式かもしれないという位私自身がどうしていいかわからなくなって。そして4月、岡山から風天さんのところに父親がこういう状態なんですけど助けてくださいと会いに行ったんです。

今度、岡山へ行くことがあるんで、あなたのお家にも行ってあげますよと言って来てくださって。今、家にはマシンがあって毎日入っているんです。手術してドーンと体力が落ちた時に、病気は何もないのに、父親は生きる気力を無くしていて、歩けないし、うまく食べれないし、トイレもままならないし、「もう生きていたくない」というところまで父親自身が気力をなくしていました。

風天さんのマシンにあたりつつ、この夏は暑かったから父親が病院に行きたがらなくて、家から出たがらなくて、マシンだけにあたって、２ヶ月薬をいっさい飲まなかったんですよ。脳梗塞で倒れているから脳の血液循環を促す薬を飲まなきゃいけないし、前立腺の病気もあるから前立腺の薬も飲まなきゃいけないし、いろいろ絶対に飲まなきゃいけない薬があるのに、いっさい飲まなかったんですよ、２ヶ月。お医者さんは３ヶ月目に行ったら、「何してたの今まで」と言われたんだけど、父親も、母も私も元気になっているし、具合悪いところ見当たらなかったんで、マシンのおかげだよねみたいな。お医者さんの方が２ヶ月も薬を飲まなくてこんな元気な状態をもっているんだったら、飲む薬は引き続き出すけど、前立腺の薬はいっさいがっさいやめるわって言って、前立腺の薬は３種類はずしてくれました。このマシンにあたっていると、頑張ろう、生きようという気持ちになるので、すごい機械やなーって思っています。

あと、父親の足の指が浮き指で、でも結果がめちゃくちゃ早く出て、1ヶ月くらいで治るんですよ。このマシンは心にも体にも足にも大きく効いてくれています。

病気のデパートから解放

福岡市　藤アサヱさん

皆さんこんにちは。南区から来ました、藤でございます。宜しくおねがいいたします。

去年は1年間、病気のデパートを開業しておりました。と言いますのは去年の4月の末頃から体調を崩しまして5月の連休前には本当に動けない状態だったんです。早く病院に行かないと救急車で運ばれるか、自分では動けなくなるという友達からの電話だったんです。すぐに病院へ駆け込みました。いい病院だったと思いますが、早期発見でリュウマチだったんです。早速リュウマチの治療を始めました。その治療というのは本当の治療ではなくて薬で抑える治療だったんです。プレドニンというお薬で顔が腫れたり胃も悪くなる、腎臓肝臓も悪くなる、骨もボロボロになると病院から言われたんですね。

こんなお薬を1年間も飲むんですかと聞いたんです。そしたら1年間は飲んでくださいというんですね。私にとっては青天の霹靂なんですね。というのは働いている50年間くらい病院に行ってないんですね。働いている時も検診を受けるだけで何ともなかったので全然お薬を飲んでなかったんですね。それがいきなりこの病気と言われてこのお薬を飲まないと動けないんですよ、痛いんですね、この体、全身だから。で、お薬を1ヶ月ほど飲みました。

これじゃあ良くならないと思って、京都大学の先生のところへ行って、と去年は相当お金を使いました。それでそちらの方のお薬も飲んで、そして漢方にも切り替えてそうこうしている内に、ちょうど今頃だったと思います。私のお友達がどいまちに風天さんの機械があるから行ってみないかということで電話があったんですね。そして藁をも掴む思いで飛び込みました。

でもわかりません。1週間に1度とか、10日に1度くらいかかったってわからないんですよ。でもまあ、かかればいいかと思って去年12月、年を越して1月と通いました。

そこにスタッフとして松尾さんがいらしたんですね。そしてその方が薬剤師さんだったんです。私のお薬を全部持って行ってみてもらったら、私のこの小さな体では厳しいから2錠から1錠にして、そして今はもう飲んでいません。もうお薬はやめています。

でそのような状態の中でリュウマチだけではなく、加齢黄斑性といって、ゆがんで見える、右目は全然見えなかったんですね、真っ黒なんですよ。

でこの治療をするには眼球に注射するかレザーでしかない。でも私の場合は発症して2ヶ月だからこの注射だったら効くということで注射を打ち始めました。でもその注射も効きません。これは1ヶ月に1度しか打てないんですね。5本か6本打ったんですが、なんとも変わりないんです。真っ暗です。右目は見えなかった。で、通っていた病院でこれは内科の受信が必要でと言われ、内科に回されました。内科で血液検査の結果が、血圧測定もしてもらったんですが180〜190くらいあったんですね。それで即、入院だと言われたんですよ。入院なんかしませんとさっさと帰ってきました。でも絶対に安静ですよと言われて、その頃は食べることも入らないし、1ヶ月ほどで本当に痩せてしまいましたね。そう言う中で、血圧の検査をしてくださった先生が、とにかく今は安静にしてこのお薬を飲んでくださいと言われて、ハイと言って持って帰ってきたんですが、1錠も飲んでいません。

そのときも風天さんの機械にはかかっていました。後から考えると、わからない、わからないと言いながらも　やっぱりこの機械はすごいなと思いました、振り返って見たら。180もある高血圧の人間が　1錠も飲まないで、今は120なんですよ、お薬を1錠も飲んでない私が。これはすごいなあと思いましたよ。

そして難聴もありました。それから内科に行くと血小板の数値が高いので白血病の恐れがあると、とうとう癌までできました。ホスピスまで考えました。1週間の余裕があったのでいろいろ調べてお医者さんのところへ行きました。一人できましたか？　と言われたので、私は一人暮らしですから一人で来なければ誰かきますかと笑ったんですが、私、決心していたんですね、それで先生に聞いたら、白血病じゃないと。そのときだけは先生を拝みました。ありがとうございますと。癌でないことが私にとって本当にラッキーだったんです。

血小板の数値が高いのは、もともともっているものだとおっしゃったんですね。お薬も投与するけれども、注射でと言われたんですね。でも注射も私、受付けないで、お薬でもいただければもう飲まないでと思って、お薬をいただいて帰ってきたんですが、それも一服も飲んでいません。

そしてそうこうするうちに、松雄さんとの出会いがあって、それは本当にもう大きな出会いでした。で、ずっと相談しながら、もちろん目の治療もしていきますよ、そして白血病じゃないのは安心して、そしてその血小板の高いというのもずっと続けていました。

でも松尾さんが言われるのには、1週間だと遠いから日にちを縮めて機械にかかり始めたんですね。ん〜、でもまあ、これがどうということもないねって言いながらも、実はちゃんと良くなっているんですよ、私には自覚症状がないという鈍感さ、いま考えましたら。

で2〜3日に一度はかかりに来て、私がここで毎日かかったらもっとこの症状が良くなるんじゃないかなあと思っているときに、写真を見せてくださって、それはお父様の良くなり方を教えてくださったんですね。症状が一緒だったんですね。それで、これを買いたいと思ったんです。

で、買いました。それが9月です。で毎日、あたっているんですが、風天さん、ほんとありがとうございました。すごいです。表現はできません。私の貧しい頭では。なんていうんですかね、魂の向上、心が喜ぶって言うんですかね。若いときの弾んだ心になるんですね、機械に入ると。

年齢は85歳になりました。昭和生まれ、頑固で厳しい・・・がやさしくなれる？　これが魂の向上なのかなと思いまして、この機械ってすごいなあって光ってすごいなあって思いましてね、で先程風天さんがおっしゃったように、自分は神である自分は神であると思えば神になるとおっしゃるんですよ。そうするとこの機械にかかる時に私は、全ては良くなる、絶対良くなる、必ず良くなる、大丈夫って言ってこの機械に入るんですね、

ところが私は2～3回言ってすぐ寝てしまいます。それ程この機械にかかると私は寝るんです。その機械の良さっていうのは表現できませんが、このように私はリュウマチも薬が切れてしまいました。

そして右目の加齢黄斑性もお医者さんが1ヶ月に一度だったのが2ヶ月に一度と言われたんですね。で今度は、もう来年でいいと4ヶ月に一度でいいっていうことになって、だんだん遠のくんですね。右目も血小板も内科はお払い箱、あなたはもうこないでいいって。

振り返ると、わからないわからない機械にかかってもわからないって言ってたんですが、この1年間でずーっと良くなっていたんですね。それを毎日機械にかかるようになって初めて自覚するようになりました。それほどこの機械のすばらしさ、それをみなさん、お若いので私の言っている自覚症状はおわかりにならないかと思うんですが、このリュウマチの痛さって言うのはもうどうにもなりません。とにかくもうトイレにも行けないんですよ。

私は一人暮らしなので、もちろん買い物にも行けませんし、お台所にもたてません。1ヶ月食べ物も人から・・・、でもそれを通り越して、風天さんに出会ったということはラッキーで、自分自身を褒めてます。

これだけたくさんの世の中にいいものに出会える、出会えないと言うのは、やっぱりその人の持ったものですよね。本当に私はラッキーだなあと思いました。これから福岡を元気にしてください、福岡はアジアの玄関口です。全世界にこの機械を輸出してください。よろしくおねがいします。今日はみなさん、聞いてくださってありがとうございました。

健康と若返りと経済のトリプル効果

山口県　西村妙子さん

マシンを買って8ヶ月経過、毎日使用しています。体の調子がどんどん良くなってきている感じです。風天さんと山口さんが取り付けに来てくれたとき、使い方やより効果の出る方法などを話してもらいました。そのときに毎月10万円以上の漢方薬を買っていることを話しました。

風天さんが、このマシンにしっかりあたっているとそのお金が必要なくなりますよ。まずその漢方薬をこのマシンの光にあてて使って下さい。たぶん半分以下で同じ効果がでますよ　とニコニコして。マシンの代金はその漢方薬が払ってくれますよ・・・　それが本当になったのです。

それから、若くなったとみんなに言われるのです。もうすぐ80代になるのに60代後半に見えると言われてニコニコしています。

接骨院でのマシンを使ったリハビリ効果の体験記録

私は長年、血液検査の結果、糖尿予備軍でした。体重も100キロ近くありました。風大和さんと出会って1年後血液検査の結果全て正常値の範囲内になり体重も減りました。実は1年前、私の為にマシンを買い毎日、光エネルギーを浴びていたのです。

患者さん用に2台設置して2ヶ月です。ビックリするような結果です。これを使いながら多くのみなさんの癒しが出来ると夫婦で喜んでいます。

静岡県磐田市豊岡　杉嶋接骨院

9／26　マシーンの後　いつまでも両足の土踏まずのところがポカポカずっと続いている

10／10　マシーンにすわっていると両足の土踏まずのところが日なたに出しているみたい

80代　女性

9／26　今日で6回目　夜中に目が覚めることが無くなった。眠りが深くなった。

70代　女性

10／9　5月末から通院、今まで走った事などなかったのに猫を追いかけて知らず知らずのうちに走っていた。自分でもビックリ！

70代　女性

9／26　日常生活でメガネをはずすと、すぐまたメガネをかけたくなるのに、マシーンの後、治療が全て終了するまでメガネをはずしていても全く気にならず、むしろメガネなしでもかなりハッキリと、そしてスッキリと見える　　　　　　　　　　　　　　　　　　　　　　　　　70代　男性

9／27　腰の神経の関係で両足の感覚がにぶい。マシーン3回め　両ももとふくらはぎに虫がはうような感じがした。

10／10　今日はたまらん気持ち良かった。あの（マシーン）おかげかいなー！

10／11　マシーンにすわるようになってから夜とても良く眠れるよ。夜中のオシッコに悩まされないでたまらん嬉しいよ。マシーンのおかげだやー！

10／15　ありゃーいい、日に日に良くなるのがわかる

10／17　マシーンにすわるようになってから便通がすばらしく良い。あ

りゃー良い機械だ！
９０代　女性

9／25　すごーく気持ちが良い。両足がポカポカとしてきてやたらと眠たい

9／27　今回は身体全体があたたかくなった。ここに来るのが楽しみ
７０代　女性

9／26　毎朝、足の冷たさで目がさめるのに、昨日の朝も今朝も足が温かいのに気がつきました

9／27　前回は足があたたかくなったが、今回は首から両手先まであたたかくなった
６０代　女性

10／19　前回も感じただよ。なんだか血行っていうか血液の流れがよく

なったような気がするやー
60代　女性

10／17　今日でマシーン5回目　昨日は少し感じたが、今日はマシーンに座り眠っていると眠りがやわらかな感じがした。今日は特に感じた！　一時間ぐらい寝かせておいてやー！
80代　女性

10／17　マシーン3回め　先生、こういう仕事はええなー！　治っていくのがこんだけ毎日わかりゃー―ええなー。薬では治らんでなー！　オレはそー思う！
70代　男性

10／18　前回の感想：この椅子のおかげかいやー、あの日（9／26）の夜

はたまらん良く眠れただに
10／19　マシーン3回め　夕べはぐっすり眠っただに。トイレに行く事もなくてさ、長いこと先生にお世話になっているけど、こんな事、初めてだわねー。
80代　女性

人類の希望として働く光エネルギー

宇宙の光風で潜在能力が動き出す

潜在能力とはあなたの中にある神の能力のことです。あなたの心の奥にある意識のことです。量子力学でも言っていますが宇宙は一つのエネルギー体、一つの光体、一つの意識体で、それはあなたの心のことなのです。

心は宇宙に実在する一つの宇宙心で、宇宙は心で、心は宇宙ですよと云う意味です。その宇宙心とみなさんの心は全く同じ存在のです。それを認めることが大切なのです。認めれば潜在能力は働き出すのです。あなたの潜在能力は早く働きたくてうずうずしているのです。それを空間と体内の邪気が邪魔をしているのです。このマシンがその邪気を消してくれるのです。

施術が楽になり治療効果が向上

体を癒すのは全て自己治癒力です。神が設計、創造した体は自分で癒す力をもっているのです。元に戻すことをリハビリととらえた方がわかりやすいと思います。その無痛リハビリのお手伝いを整体師とマシンがしてくれるのです。

目の疲れ、肩こり、体調不良から解放

ヘッドスパ、頭にエネルギーを浴びると酸素が入ったような感じで神経や血流が働きます。頭がスッキリします。

マインドフルネス、肉体や頭が疲れると体内に邪気がたまり集中力がなくなります。あれもこれも同時に考え始め、精神不安定になります。マシンはそれを元に戻すリハビリの強力なお手伝いをしてくれます。

寿命まで自分の足で歩く元気生活

最近、医者へ行かない、薬を緊急以外は飲まない人が増えています。科学薬品は大なり小なり必ず副作用があります。副作用とは細胞を作っている微生物が弱ったり死ぬということです。マシンから放射される光エネルギーは生命力として気として働いてくれるのです。更に体内に入った毒性を和らげたり消してくれます。マシンに当たるのは元に戻すリハビリです。

定年70才時代になり次は定年80才になる！

街を見わたすと足を引いたり腰が曲がったり、体がゆがんで働いている人が大勢います。高速道路のサービスエリアなどではトラックの運転手はじめ車を降りてくる人で、ビッコを引いている人がなんと多いことか。私はそのような人にすぐ目をやる癖がついてしまいました。マシンの光を浴びたらみんな変わるのになあ～。そしていつも思うのです。全国各地にワンコイン位で光が浴びれる場所をつくろう。

迷走 20 年瞑想 20 年の瞑想を楽しむ風天

20 代から瞑想しています。あっちこっちの先生に指導してもらいました。20 年前、知花先生に会って初めて本当の瞑想を知りました。私の体験からだと、今の世の中の瞑想指導はほとんど迷走だと思います。このマシンの光エネルギーは肉体、幽体の邪気を消してくれるのです。邪気がなくなると雑念が出なくなり瞑想がどんどん深くなっていくのです。

マシンの光を浴びるリハビリを

脳や神経、血管、筋肉などの衰えや故障の部分は邪気があったり、N・Sのバランスの崩れた状態の結果だと思います。まずマシンで光エネルギーを浴びると邪気が消えたり、細胞にエネルギー（気）が入るため血流や神経の流れが良くなります。あとは自分の想念で健康をイメージしたり、完全・調和を意識することで元に戻ると思います。それは治療というより、リハビリ効果だと思います。

あとがき

資本主義が崩壊している

ＮＨＫで世界の経済の実態の一部が紹介されていました。大学の教授も参加して、もう完全に資本主義が成り立たなくなっている。詳しい数字や、資本主義とはどうゆうものか、本当に分かり易く解説していました。見ていた私は、そこまで酷かったのかとビックリしました。

ＮＨＫで云っていることは、事実だと思います。見た人は大勢いますが、この事実の先にどんな事が起きて来るのか予想は出来ると思いますが、それに関わっている人はみんな、見て見ぬ振りをしているのだと思います。理由は、もう打つ手、智恵が湧いて来ないからだと思います。

私は、55年前高校を卒業して証券会社へ入社しました。バブルの少し前位でした。当時は、どこの証券会社の店頭にもお客さんが来て、黒板に書き込まれていく株の価格の変動を見ながら、株を買ったり売ったりしているのです。

入社して一年位、株の事や相場の事が分かって来たら、これは真面目な人がやるバクチそのものだと思いました。私が上司にそんな話をしたら、「バクチではない。その会社の業績や将来性、世の中の必要性とか、世の中への貢献力など、ちゃんとした裏付けがあるのでバクチではない。」私は少しだけ納得して「バクチ会社で働いているのではない」と自分に言い聞かせたこともありました。

今の株の動きなどは、裏付けなんか誰も考えることなく、実態とはかけ離れたところで相場が動いている。国を挙げて大学を出たエリート達が、真面目な顔をしてバクチをやっていると云っても過言ではないと思っています。

今の経済実態は、個人も会社も国もみんな借金漬けで、多分、半分以上も返済不能になると思います。貸す方の大元は、お札を印刷する会社（日本では日本銀行。日本銀行は株式会社なのです）で、裏付けのないお札をどんどん刷って、世の中へ貸し出しているようなものなのです。返済されなければ、又、印刷すれば良いようなものなのです。それを、世界中の国で行っているのです。もうすぐお札の信用が無くなり、ただの紙切れみたいになるのだと思います。そうなっても、責任を取る人は誰もいないのです。責任はどうだって良いのです。「みんなでやれば怖くない」

と云うことなんでしょう。

世界中の借金を合わせたら、そのお札の量は、一万円札を積み重ねていったら、地球から月に向けて積んで行くと、地球と月の中間位の高さになるのだそうです。

これが、資本主義の崩壊の姿です。

物質と利権を追いかけて戦争をしかけたり、ビジネス戦争をしているのです。

ビジネス、金儲けを優先して地球を壊しかけているのです。金儲けを優先して、国民の殆どが病人、もしくは半病人になっているのです。

それに関わった人のカルマは大きいと思います。カルマとは、良い事も悪い事も全て宇宙の法則で、作用、反作用で必ず何倍にもなって戻って来るのです。

本当の経済とは、経世済民と云って、経とは経度の事で、北極Nから南極Sへ流れて行く、＋から－へ流れて行くエネルギーのことなのです。

エネルギーは、高い方から低い方へ流れて一つになるという意味です。

気体の空気は高気圧から低気圧へ、液体の水は、やはり高いところから低いところへ流れます。個体の土は低い所へ移動して、みんな平になるのです。その動き、エネルギーのことを平安と云うのです。

　この世のお金も、多く持っている人、金持ちからお金が無い所へ流せば、必要なものが必ず誰にでも与えられる。これは、宇宙の法則なのです。これを経世済民と云って、本当の経済のことです。

　今は、お金の無い人からお金の有る方へ逆流させて、お金の有る人も無い人も、みんな苦しんでいるのです。

　この宇宙法則は、創造主が、どんな物も必要な物は創り出す事が出来るのです。それが、これから始まる創造の科学なのです。それは、見えないエネルギーから見える物質を創り出すことなのです。

　量子力学では、見えないエネルギーも見える物質も同じだと云えるところまでは実験で掴んでいます。

それが、これから来るエネルギー文明なのです。みんなが幸せになるときがくるのです。あなたの中にある神の能力のことです。あなたの心の奥にある意識のことです。量子力学でも言っていますが宇宙は一つのエネルギー体、一つの光体、一つの意識体でそれはあなたの心のことなのです。

心は宇宙に実在する一つの宇宙心で宇宙は心で心は宇宙ですよと云う意味です。その宇宙心とみなさんの心は全く同じ存在のです。

それを認めることが大切なのです。認めれば潜在能力は働き出すのです。あなたの潜在能力は早く働きたくてうずうずしているのです。それを空間で体内の邪気が邪魔をしているのです。このマシンがその邪気を消してくれるのです。

重川　風天

著者：　重川風天　（しげかわ　ふうてん）
風大和研究所顧問 昭和１９年生まれ。新潟出身。真冬の滝行や断食、インドで釈迦の聖地を巡礼、仏教、キリスト教、生長の家、神道等々を体験。
苦行や宗教はまったく不要と思っています。現在は宇宙エネルギーの使い方の研究に力を注ぎ、化学物質の毒性を消すことや特に無肥料、無農薬の農業の研究に力をいれています。知花敏彦師の伝える真理に近づくための努力中です。
著書
『誰でもが幸せになる　プラチナの風がふく』『雑念の湧かない　あいの瞑想法』『知花先生に学ぶ　風天のおもしろ話』『この世の錯覚とカルマ解消法』『神は、やさしい科学』

潜在意識が今　動き出す。

平成３０年１２月１２日　第１刷発行

著　者　　重川風天
発売者　　斎藤信二
発売所　　株式会社　高木書房
〒１１６-００１３　東京都荒川区西日暮里５-１４-４-９０１
電　話　０３-５６１５-２０６２
ＦＡＸ　０３-５６１５-２０６４
メール　syoboutakagi@dolphin.ocn.ne.jp
発行者　　重川圭一
発行所　　風大和研究所　株式会社　〒 144-0034 東京都大田区西糀谷 1-22-19-301
TEL 03-5735-3511　FAX 03-5735-3512　E-mail : kazeyamato@futen.info
※乱丁・落丁は、送料小社負担にてお取替えいたします。
※定価はカバーに表示してあります。

　ISBN978-4-88471-455-0　C0011　Printed in Japan